Aspectos del mundo hispano

Lectura y puesta en práctica

Elvira Sancho and Manuel Frutos-Pérez

General editor: Cristina Ros i Solé

Published by Advance Materials, 41 East Hatley, Sandy, Bedfordshire, SG19 3JA

First published 2000

© Advance Materials 2000

British Library Cataloguing-in-Publication Data

A catalogue record for this book is available from the British Library

Printed and bound by Burlington Press, Foxton, Cambridge CB2 6SW

Book and cover design by Hannah Brunt

Cover photograph by kind permission of Kathryn Aldridge-Morris

Edited by Howard Senter

ISBN 0 9532440 3 2

Our grateful thanks to Hélène Mulphin and Mike Truman from the Department of Languages at the Open University, who read the script in detail and made invaluable comments on aspects of both language and pedagogy.

To Carlos and Kathryn

Contents

Acknowledgements

The publisher wishes to thank the following sources for their kind permission to reproduce copyright material

Texts

Page 24: 'Los matachines: soldados de la Virgen', de Andrés Ortiz Garay, *México Desconocido* nº 263, 01.99 Editorial México Desconocido. México, D.F. (Unit 2)

Page 37: 'Mucho cine y poco teatro', *Diario Expansión*, 22.01.00 (Unit 3)

Page 59: 'Empresa no fumadora, sí gracias', *Expansión del inversor,* nº 4.093, 22.01.00 (Unit 5)

Page 70: 'Instrucción pública', de Antonio Muñoz Molina, *El País semanal,* nº1218, 30.01.00 (Unit 6)

Page 81: 'Un recurso no valorado', *http://www.ecoportal.com.ar/articulos/biodiv.htm,* de Gabriela Medrano (Unit 7)

Page 92: 'Un país de hijos únicos', de Luz Sánchez Mellado, *El País semanal* nº1.043, 22.09.96 (Unit 8)

We also acknowledge the use of small extracts from:

Page 9: 'Tópicos nacionales', *Las habas contadas*, de Luis Carandell Robuste, Espasa Calpe S.A., 1997. (Unit 1)

Page 49: 'Los sueños', *El libro de oro de los sueños. Cómo interpretarlos*, de Francisco Caudet Yarza. M.E. Editores 1999. (Unit 4)

Photographs

Page 9: Kathryn Aldridge-Morris (Unit 1, first photo - people dancing)

Page 25: Andrés Ortiz Garay (Unit 2, first photo - Matachines costume)

Page 27: Andrés Ortiz Garay (Unit 2, second photo - Matachines dancing)

Page 37: María Ferrer (Unit 3 - people outside the cinema)

Page 49: Kathryn Aldridge-Morris (Unit 4, first photo - man and baby sleeping)

Page 50: Manuel Frutos Pérez (Unit 4, second photo - distorted cathedral)

Page 59: Manuel Frutos Pérez (Unit 5, first photo - woman smoking)

Page 60: Manuel Frutos Pérez (Unit 5, second photo - cigarettes)

Page 82: Kathryn Aldridge-Morris (Unit 7, first photo - landscape)

Page 85: Manuel Frutos Pérez (Unit 7, second photo - squirrel)

Page 88: Kathryn Aldridge-Morris (Unit 7, third photo - people dancing)

Page 92: María Ferrer (Unit 8 - woman with child)

Illustrations

Page 24: Sue Ollerenshaw (Unit 2 map)

Page 38: Sue Ollerenshaw (Unit 3)

Page 72: Sue Ollerenshaw (Unit 6)

Page 66: Manuel Frutos Pérez (Unit 5, graphic)

Page 16: Manuel Frutos Pérez (Unit 1 map)

Teacher's introduction

The materials and how to use them

The photocopiable materials in this book are designed to complement existing course books by giving students extra practice in reading that requires no extra preparation on your part.

Each of the eight Units represents a free-standing pack of work. The materials are designed so that you can use them as a self-access teaching tool, in the classroom or even as testing materials.

The Units can be used in any sequence as the order in which they appear does not reflect the level of difficulty. The topics are diverse and aim to illustrate a variety of points of view from different publications in Spanish.

Self-access

Each Unit is structured in such a way that it seeks to emulate a good teacher. It guides, supports and motivates the student while explaining, reminding, asking questions, giving feedback etc. Students can work at their own pace, learning from the materials and receiving useful feedback, support and teaching at every stage.

Simply photocopy a Unit and the accompanying *Correcciones y explicaciones* section, and set it as private study or holiday work. Please make sure that the first time round all students have a copy of the **Student's introduction**, and also a copy of the **Help with the language of instructions**. Your only input will be to correct the final written essay that is set at the end of each Unit, and if you wish, to chair a debate on the discussion topic.

Classroom use

The Units can also be used for whole-class reading and language exploitation activities without the *Correcciones y explicaciones* section, or with it, as an individual class activity, leaving you free to deal with individual problems related to other work.

Testing materials

Although these materials are designed principally as teaching tools, any of the Units can easily be used for testing purposes. Just select the exercises that you want to use and allocate marks to each part of the question.

The pedagogical aims of the materials

The main aims of this book are:

- to provide students with a motivating and accessible way of learning to read longer texts in Spanish

- to train them to use general reading strategies

- to widen their vocabulary and to encourage them in the

Teacher's introduction

systematic learning of vocabulary

- to build their confidence in their own ability to tackle previously unseen texts

- to increase learner autonomy

The book also teaches students:

- to use form, structure and context to deduce meaning

- to develop their awareness of word relationships

- to re-use vocabulary and structures learned in different contexts

- to consolidate their work at each stage by re-using and manipulating the material studied

- to view reading texts not only as a source of information but also as a source of potential language for their own productive use

- to understand issues affecting the modern Hispanic world

The teaching approach

Each Unit begins with one of a series of vocabulary access activities that engage students actively in identifying and understanding the key words in the text. This provides a positive alternative to simply presenting them with a list of vocabulary or getting them to look up the words that they don't know. A variety of comprehension tasks follow which lead them to a full understanding of the text.

Each Unit also goes on to look at some of the aspects of the language of the passage in more detail – highlighting points of grammar, style, vocabulary, linguistic function or structure.

Once the text has been understood students will be able to practise the vocabulary learned through word games. The penultimate exercise of each Unit is a written activity that requires the students to review the content of the reading passage and to re-use the ideas, vocabulary and structures that they have studied to write a structured and coherent essay that reflects their own opinions. This is followed by one or more discussion topics or scenarios which can be used for pair-work, small groups or class discussion, giving useful oral practice.

The *Correcciones y explicaciones*

Each Unit has a *Correcciones y explicaciones* section which provides:

- the correct answers to each exercise

- explanations of why these particular answers were chosen as correct

- an indication of which part of the text the answer came from.

This section also provides a very motivating way for students to get to grips with longer texts, because they are supported throughout the learning process, with access to explanations and corrections at every step. Students need never feel that they have got irretrievably stuck.

For the essay-writing activities, a model is provided which students can compare with their own work.

The relationship to the A-level examination

This book has been written with the new AS and A2-level examinations very much in mind. We have sought to provide texts and activities similar in pattern and style to those used by the various examining boards. By doing so we aim to familiarise students with the types of examination questions that they will face, in the unthreatening context of a learning environment.

Teacher's introduction

Student's introduction

The materials and how to use them

These materials are designed so that you can use them without the presence of your teacher. Each Unit is self-contained, and the work centres around a written Spanish text.

A series of step-by-step activities (*Actividades*) helps you to come to a full understanding of the text, while at the same time giving you the opportunity of learning and using new vocabulary and structures. By working through the Units you will develop general reading strategies that will help you tackle new texts in Spanish. Because the materials are designed to **help you learn**, rather than to **test** you, there are no marks allocated to any of the activities. You can evaluate your own learning by checking your answers against those provided.

Work through the activities in the order in which they are presented. It is important not to skip any of them, as each one plays a part in the overall understanding of the text, as well as giving you useful practice which will help your general language learning and your examination preparation in particular.

Once you have completed each activity, refer to the *Correcciones y explicaciones* section at the back of the Unit, where you will find answers and comments on the activity and on certain difficulties that you may have encountered. Please don't be tempted to look at the *Correcciones y explicaciones* before you have had a good go at doing the task on your own. If you find that your own answer to a particular question is wrong, look at the explanation of why we chose the answer that we did, and go back to the text to find out where you went wrong. This is just as important a part of the learning process as doing the activity in the first place. Remember that the reason you are doing the work is so that **you** can improve your own understanding and use of Spanish.

The materials also help you organise your learning by focusing on particular items of vocabulary and also by encouraging you to use the text as a source for discovering, noting and learning words, phrases, link words etc. that you can then re-use in other contexts.

How the materials relate to your AS and A2-level examination

Many of the activities used in this book are exactly the kind of questions that are set by the examining boards for the new AS and A2-level syllabuses. By working through the tasks set, you will be practising for the examination. Remember, too, that you need a wide vocabulary to gain a high mark in the examination, so take every opportunity afforded by the activities to increase your active and passive knowledge of Spanish.

Strategies for reading texts in Spanish

- Read the title, any sub-titles and the introductory texts first, and make sure that you understand them. They will put the text in context and give you some idea of what it is going to be about.

- Have a good look at any photos or illustrations that accompany the text, as they, too, will often give you vital clues to the content of the passage.

- Before trying to read the text in detail, skim through it quickly to get an initial idea of what it is about. Sometimes it is helpful to look first at the **nouns**. These often give valuable information about the content of a passage.

- Once you start reading the text in more detail, try to guess words that you don't know rather than reaching for your dictionary straight away. It is often possible to make an intelligent guess at the meaning of a word from the context and your own knowledge of the world. Don't forget, too, that many words in Spanish have very similar English equivalents (called **cognates**), for example *el concierto* (concert) and *la situación* (situation).

- You will rightly have been warned about 'false friends' in Spanish – such as *sensible,* which means 'sensitive', not 'sensible' – but there are far more cognates than false friends, so it is worth having a guess. Also try to be aware of prefixes and suffixes and their meanings, as they can often help in working out the meaning of words that initially seem unfamiliar.

- Only use your dictionary if you cannot work out the meaning of a key word, or if you have read the text and want to check whether you have guessed the meanings of some words correctly, or if you then want to expand your vocabulary by using the dictionary. In the examination you will not have time to leaf through your dictionary more than once or twice, so it is worth building up the skill of working without one before that time comes!

- Use the structure of the text. Paragraphs usually contain and expand on distinct ideas. It is always useful to concentrate particularly on the first and last paragraphs, as they should contain the introduction and conclusion.

- Make sure that you are very familiar with the most common link words (e.g. *y, sin embargo, además, porque, luego,* etc.). An understanding of these will provide you with vital clues to the way that the arguments in the text are structured and the way in which the writer's thoughts are organised.

- Use the discussion activity at the end of each Unit to talk in Spanish with fellow students about the issues raised. This will give you valuable practice for the oral examination. Make sure that you re-use the vocabulary and build on the ideas you have encountered in the text.

Student's introduction

Re-using what you have learned in your written work

The last-but-one task of each Unit is a written activity based on the extract that you have read. It gives you the opportunity to reflect on what you have read, and to re-use vocabulary, phrases and structures that you have learned from the text. Before you set about writing your essay, read through the text again and make notes of the points that you would like to mention in your essay. You might also find it useful to note down key vocabulary and useful phrases and structures that you would like to re-use.

Once you put pen to paper, however, put the original passage away so that you are not tempted to copy out great big chunks word for word. Now is the time to rely on the fact that you are familiar with the subject matter and have a good stock of key vocabulary and phrases at your disposal.

Don't forget that your own writing will flow much better and be much more structured if you make good use of link words that you know and have learned from the texts.

¡Que disfrutes!

Help with the language of instructions

Below you will find listed some of the words and expressions used in the instructions to the materials with their English equivalents. The words in bold are listed in alphabetical order.

Opción **adecuada**	Right option
Adivine	Guess
Afirmación	Statement
Buscar **ayuda**	To seek help
Casillas	Boxes
Palabras **clave**	Key words
Para **comprobar**	To check
Entre **comillas**	In inverted commas
A **continuación**	Below
Tenga en **cuenta**	Take into account
Lectura **detenida**	Detailed reading
En la **medida** de lo posible	As far as you can
Encontrar	To find
Espacios	Gaps
Mezclado	Jumbled-up
Ponga en el imperfecto	Put in the imperfect
En **parejas**	In pairs
Redacción	Composition
Relacionar	To link
Rellenar	To fill in
Recuerde	Remember
Repasar	To revise
Seguir el modelo	Follow the model
Señalar	To mark
El mismo **significado**	The same meaning
Un texto que **trata**	A text about
Una las **palabras**	Link the words

1 Estereotipos culturales

Los estereotipos culturales abundan. Los habitantes de un país siempre tienen una serie de preconcepciones sobre los habitantes de otros países, e incluso dentro de cada país existen estereotipos acerca de los habitantes de las diferentes regiones del país. España no es una excepción, los tópicos nacionales sobre el carácter de los habitantes de diferentes partes del país abundan.

Tópicos nacionales

En los compartimentos de segunda del "rápido" que hacía el viaje entre Madrid y Barcelona en mis tiempos de estudiante, solía hablarse de catalanes y castellanos, y a veces también de aragoneses, de vascos, de gallegos o de andaluces. Durante aquellos largos trayectos, con tortilla de patatas compartida y la bota de vino que pasaba de mano en mano, no había conversación que cuadrara mejor que aquella a la variopinta diversidad de origen de los sufridos viajeros. Para cuando el tren que venía de Madrid llegaba a la altura de Caspe, ya se podía ir resumiendo. Y siempre había un señor que decía que "los catalanes son muy suyos pero cuando son amigos, son amigos". Por más que yo analizaba este principio de la "sociología ferroviaria" no terminaba de entender qué quería decir eso de ser muy suyos los catalanes. Mi experiencia de viajero me enseñaba que en todas partes suele ser muy suya la gente. Pero, así como a los andaluces les tocó en suerte, en la lista de los tópicos nacionales, ser muy graciosos, a los aragoneses muy francos y muy tercos y a los gallegos, muy ambiguos (de forma que si te encuentras a un gallego por las escaleras no sabes si sube o baja), sólo de los catalanes se dice que

Los andaluces son famosos por su sentido del humor

son "muy suyos", aunque, eso sí, cuando llegas a amistar con alguno de ellos, "tienes un amigo para toda la vida".

Los tópicos son tópicos porque tuvieron algo de verdad en sus orígenes o así se creyó al menos. Y esos tópicos han influido sobre las gentes y países a los que se aplicaron desde tiempos antiguos. Es un

hecho, por ejemplo, que el andaluz, a fuerza de oírse decir que es gracioso, tiene que esforzarse por serlo. Y, si no lo es, corre el peligro de ser tenido por *malahe*[1], cosa que jamás le pasaría a un castellano, un catalán o un gallego sin gracia. (…)

En el mundo de la tauromaquia, aún hoy se oye decir que "de Despeñaperros[2] para abajo los toreros torean, mientras que, de Despeñaperros para arriba, los toreros trabajan". Y ya no se sabe si eso responde a una realidad o si es fruto de un tópico repetido a lo largo de siglos. Quizá lo que cuenta no es tanto que los lidiadores del sur del famoso y diferenciador desfiladero tengan esa especial gracia para el toreo como que la gente, a fuerza de oírlo decir, haya llegado a creérselo.

Los castellanos son vistos en muchos lugares de España a la luz de aquella leyenda noventayochista[3] que los tenía por sobrios, parcos, serios, orgullosos y dotados de un cierto espíritu místico de grandes horizontes. Castellanos habrá que hayan llegado a creer que son como los pintaron. Desde que Tirso de Molina dijo aquello de "Vizcaíno es el hierro que os encargo, corto en palabras pero en obras largo" ya no se sabe si el dramaturgo dijo eso porque los vascos eran poco habladores o si ellos son poco habladores porque Tirso lo dijo. En un libro del siglo XVII, la *Floresta española de apotegmas* de Melchor de Santa Cruz, aparece una serie de chistes de vizcaínos en los que se pinta el carácter rudo y las pocas entendederas que aún hoy, a veces, se les atribuyen. (…)

Proverbial es desde antiguo la tacañería de los catalanes y, en el Madrid de hoy, aún se cuenta el chiste de un catalán al que se le cae un duro y empieza a buscarlo por el suelo. "Venga, hombre", le dice un madrileño. "Si un duro no va a ninguna parte". Y replica el catalán: "Por eso, por eso tiene que estar por aquí". De los gallegos se dice que son tan inconcretos que, para no comprometerse son capaces de no decirte ni la hora, cuando se la preguntas. Se les tiene también por gente triste y melancólica. En Madrid se asegura, con la seriedad con que se cuentan los chistes, que un día fueron vistos en la calle de Alcalá doscientos mil gallegos que iban llorando porque decían que se habían perdido.

En los largos viajes de mi juventud aprendí yo los sagrados principios de esta "sociología ferroviaria" que aún siguen vivos en nuestra época. Había otro principio que alguien formulaba siempre antes de que el tren llegase a su destino. Y era que "en todas partes hay bueno y malo". Yo prefiero expresar mi íntima desconfianza por los "tópicos nacionales" aplicando a vascos y castellanos, catalanes, gallegos o andaluces la frase de un fino escritor, Gilbert K. Chesterton, quien, cuando le preguntaban qué pensaba él de los franceses, decía: "No sé. No los conozco a todos".

Párrafos no consecutivos extraídos de "Las habas contadas" de Luis Carandell Robuste, Espasa Calpe S.A., 1997.

1 **malahe**: a colloquial term meaning a 'killjoy' or a 'pain in the neck'.

2 **Despeñaperros**: name of a well known gorge in Spain which marks the natural border between the north and the south of the country.

3 **noventayochista**: related to the Spanish literary 'generation of 1898', one of the golden periods of modern Spanish literature.

Actividad 1 •••

Comprensión de palabras clave

El objetivo de la primera lectura del texto será entender las palabras clave a medida que lea el texto. Una las palabras de la columna de la izquierda con su definición en la columna de la derecha. Intente adivinar el significado de las palabras por el contexto.

palabra clave	definición
1 trayecto *"durante aquellos largos trayectos"*	a) Broma, frase ingeniosa y graciosa.
2 bota *"y la bota de vino que pasaba"*	b) Recelo. Falta de confianza.
3 pasar de *"pasaba de mano en mano"*	c) Ciencia de la corrida de toros.
4 variopinta *"a la variopinta diversidad de origen"*	d) Estereotipo.
5 ferroviaria *"sociología ferroviaria"*	e) Imputar. Suponer que una persona dijo o hizo algo.
6 tópico *"lista de los tópicos nacionales"*	f) Muy conocido, habitual o famoso.
7 influir sobre *"han influido sobre las gentes"*	g) Que ofrece diversidad de colores o de aspecto.

8 esforzarse por *"tiene que esforzarse por serlo"*	h) Moneda española cuyo valor es de 5 pesetas.
9 tauromaquia *"mundo de la tauromaquia"*	i) Espacio que se recorre o puede recorrerse de un punto a otro.
10 torero *"los toreros torean"*	j) Relativa al ferrocarril o tren.
11 chiste *"aparece una serie de chistes"*	k) Hacer esfuerzos física y moralmente para conseguir algo.
12 atribuir *"se les atribuyen"*	l) Hacerse responsable de alguna obligación o de alguna cosa.
13 proverbial *"proverbial es desde antiguo"*	m) Persona que se dedica a la lidia de toros en las plazas.
14 tacañería *"la tacañería de los catalanes"*	n) Avaricia.
15 un duro *"un duro no va a ninguna parte"*	ñ) Pequeña bolsa de cuero para guardar líquidos y beberlos.
16 comprometerse *"que para no comprometerse"*	o) Ir de un lado o estado a otro diferente.
17 desconfianza *"mi íntima desconfianza"*	p) Producir un efecto; ejercer una fuerza moral sobre el ánimo de una persona.

Actividad 2

'Falsos amigos'

En el texto hay palabras en español que se parecen mucho a otras palabras en inglés pero no tienen el mismo significado en español. Estas palabras se llaman *falsos amigos*. A continuación tiene una lista de palabras extraídas del texto que pueden tener un *falso amigo*. Escriba el *falso amigo* en inglés y luego escriba la traducción más común de la palabra española.

palabra en el texto	falso amigo	traducción más común
gracioso	gracious	amusing
sobrio	sober	temperate moderate
parco	park	frugal laconic
rudo	rude	tough coarse
inconcreto	inconcrete	indecisive
triste	triste	sad

Actividad 3 ●

Comprensión de texto (i)

Lea el texto para una comprensión general y decida cuál de las traducciones es la correcta para cada frase que se presenta a continuación.

1 Durante los largos viajes en tren se solía hablar sobre los tópicos nacionales.

    a) During the long train journeys people used to talk about national affairs.

    b) During the long train journeys people used to talk about national stereotypes.

    c) During the long train journeys people used to talk about different topics.

2 De los catalanes se suele decir que son muy suyos pero cuando son amigos, son amigos.

    a) Catalans are normally described as very reserved, but when they become your friends they are very good ones.

    b) People say that Catalans are very possessive but when they become your friends they are nicer.

    c) Catalans are usually described as lonely people but they make very good friends.

3 A los andaluces les tocó en suerte, en la lista de tópicos nacionales, ser graciosos.

    a) When the list of Spanish stereotypes was drawn up, the Andalusians were lucky enough to be considered as amusing.

    b) Andalusians were chosen from the list of funny national sterotypes.

    c) Andalusians were never destined to be funny in the list of national sterotypes.

4 Los gallegos son muy ambiguos, si te encuentras a un gallego por las escaleras no sabes si sube o baja.

    a) Galicians are very ambidextrous: if you meet a Galician going downstairs, you doubt whether he is really going down.

    b) Galicians are very ambitious: if you meet a Galician on the stairs you know that he is going up.

    c) Galicians are very indecisive: if you meet a Galician on the stairs you don't know whether he is going up or down.

5 Los tópicos tuvieron algo de verdad en sus orígenes y han influido sobre la gente a la que se aplicaron.

    a) Stereotypes were once true, and have had an influence on the people who talk about them.

    b) Sterotypes had some truth in them originally, and have had an influence on the people they referred to.

    c) Stereotypes had some truth in them originally, and have had an influence on the people who created them.

6 A los vascos normalmente se les atribuye tener un carácter rudo y pocas entendederas.

    a) Basques are always described as abrupt and dim-witted.

    b) Basques are usually described as being coarse and dim-witted.

    c) Basques are sometimes described as coarse and brutish.

7 El autor expresa su íntima desconfianza por los tópicos nacionales.

    a) The author expresses his belief in national stereotypes.

    b) The author claims that he agrees with national stereotypes.

    c) The author expresses his personal distrust of national stereotypes.

Estereotipos culturales

Actividad 4

Comprensión de texto (ii)

En el texto principal se atribuyen diferentes características a los españoles de diferentes regiones. Rellene la tabla que se presenta a continuación con las palabras o expresiones empleadas en el texto. Luego, construya una frase para cada región con las características encontradas.

Gallegos	Vascos	Castellanos	Catalanes	Aragoneses
1 *ambiguos*	3 *rudo*	5 *orgulloso*	7 *muy suyos*	9 *francos*
2	4	6 *sobrios*	8 *tacaños*	10

Gallegos: *se dice que los gallegos son muy ambiguos y no pueden decidirse.*

Vascos: *Según los tópicos los vascos son rudo y un poco estúpido*

Castellanos: *Los castellanos tienen la reputación de ser orgullosos*

Catalanes: *Los catalanes*

Aragoneses: _____

Actividad 5

Frases complicadas

Aquí tiene una serie de frases que aparecen en el texto. Su comprensión le puede resultar difícil, así que preste atención. Las palabras más problemáticas aparecen traducidas. En primer lugar, trate de explicar la frase con sus propias palabras en español y luego trate de traducir la frase al inglés.

1 "Durante aquellos largos trayectos, con tortilla de patatas compartida y la bota de vino que pasaba de mano en mano, no había conversación que cuadrara mejor que aquella a la variopinta diversidad de origen de los sufridos viajeros."

Vocabulario:

tortilla de patatas	Spanish (potato) omelette
compartida	shared *tener algo y dar un poco a todos*
que cuadrara mejor a	would be more appropriate for *debería ser más apta a*
sufridos	long-suffering

Explicación en español:

huevos y patatas cocidos en un sartén .

Traducción en inglés:

eggs & potatoes cooked in a frying pan .

Estereotipos culturales

1

Estereotipos culturales

2 "de Despeñaperros para abajo los toreros torean, mientras que, de Despeñaperros para arriba, los toreros trabajan".

Vocabulario:

torero   bullfighter   *el torero es un hombre que lucha con los toros*

torear   to fight bulls   *el torero tiene que torea con los toros*

Explicación en español:

En la parte abajo de Despeñaperros dice que los toreros torean, mientras que en la parte arriba los toreros trabajan

Traducción en inglés:

From below the bullfighters fight the bulls but above they work the bulls

3 "Vizcaíno es el hierro que os encargo, corto en palabras pero en obras largo."

Vocabulario:

Vizcaíno   related to the north Spanish province of Vizcaya, in the Basque Country.

hierro   iron for making swords.

obras   deeds

Explicación en español:

el vizcaíno no dice mucho pero trabaja mucho

Traducción en inglés:

The Basque is the iron that you order, short in words but long in deeds.

4 "Venga, hombre", le dice un madrileño. "Si un duro no va a ninguna parte". Y replica el catalán: "por eso, por eso tiene que estar por aquí".

Vocabulario:

venga   come on

ninguna parte   nowhere

por eso   that's why

Explicación en español:

El duro no vale mucho y por eso no va lejos y el catalán dice que por eso debe de ser por aquí

Traducción en inglés:

Come on man says the man from Madrid, if it's one duro it doesn't go anywhere – the catalan replies that that is the reason it has to be here

14

Actividad 6 ●

Práctica y ampliación de vocabulario

A continuación tiene varios grupos de palabras. Las palabras están relacionadas entre sí pero hay una que no pertenece al grupo. En primer lugar, señale la palabra que no pertenece al grupo. Después, póngale título al grupo, es decir, explique la relación de las palabras. Y por último, construya una frase en la que aparezcan al menos dos palabras del grupo.

Estereotipos culturales

1

catalanes

castellanos

(franceses)

gallegos

andaluces

Frase:
Entre otros los españoles consisten de catalanes castellano gallegos y andaluces

---

3

tiempos

época

siglo

(trayectos)

orígenes

Frase:
Hace siglos los tiempos fueron mas calidos y después los orígenes delos animales cambiaron.

2

solía

había

podía

decía

(tacañería)

Frase:
Cada domingo solía ir a la iglesia donde podía rezar.

4

durante

(abajo)

cuando

siempre

antes

Frase:
Durante mi juventud siempre me gustaba nadar en el mar.

1

Estereotipos culturales

Actividad 7 ●

Práctica de vocabulario: crucigrama de gentilicios

Haga el siguiente crucigrama. Aquí tiene una lista de nombres de países, regiones y ciudades; en el crucigrama tendrá que escribir el nombre que denomina a los habitantes de cada lugar (en masculino singular). Ejemplo: Castilla - castellano.

Verticales	Horizontales
1 España	3 Islas Baleares
2 Galicia	6 Madrid
4 Andalucía	8 Gran Bretaña
5 Islas Canarias	9 Murcia
7 Extremadura	10 Valencia

Mapa de España con las diferentes regiones

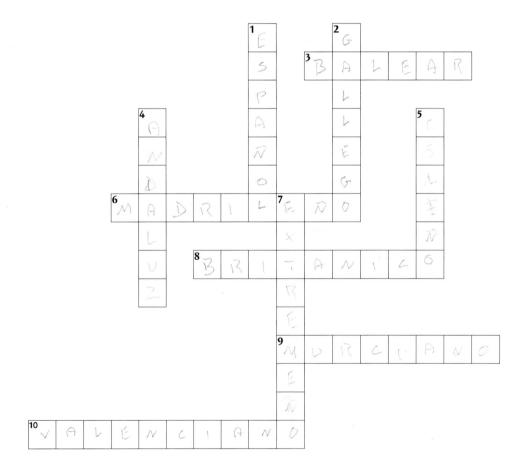

Observaciones lingüísticas

The use of "lo"

This neuter article can perform many different functions within a sentence. Study the following structures in which 'lo' occurs:

a) *lo + que+* sentence

This structure is used to make value judgements or express points of view about objects and concepts.

> *"Quizá **lo que** cuenta no es tanto que los lidiadores del sur (...) tengan esa especial gracia para el toreo."*

> Perhaps what counts is not so much that the southern bullfighters have that special talent for bullfighting.

b) *lo + más/menos* + adjective

This structure is used in comparative and superlative sentences.

> *"**Lo más interesante** de hacer largos viajes en tren es que se viaja con gente muy diversa."*

> The most interesting aspect of long train journeys is that you travel with many different types of people.

c) *lo de* + noun

This is used to refer to something without naming it. It is used to avoid repetition or when the speaker cannot find the right words.

> *"¿Qué vamos a conseguir con **lo de** Pedro?"*

> What are we going to achieve with all that business about Pedro?

d) *lo cual*

This is used to refer to the information that we have just given.

> *"El país está en crisis económica, con **lo cual** no hay suficiente dinero para financiar la sanidad pública."*

> The country is in a financial crisis, therefore there isn't enough money to finance the health service.

e) 'lo' can also function as a pronoun

Here 'lo' is used to replace single words or groups of them to avoid repetition.

> *"Ya no se sabe si los vascos son poco habladores porque Tirso **lo** dijo."*

> It is no longer clear whether the Basques are laconic simply because Tirso said they were.

If the pronoun 'lo' goes with a verb in the imperative or the infinitive, it becomes attached to it.

> *"El andaluz, a fuerza de oírse decir que es gracioso, tiene que esforzarse por ser**lo**."*

> When Andalusians constantly hear other people describe them as amusing, they have to make an effort to live up to their reputation.

Actividad 8 ●

Redacción

Ahora intente redactar un texto utilizando las nuevas expresiones, estructuras y vocabulario que ha aprendido.

El texto debe tener unas 200-250 palabras y el tema es: "¿Cómo son los ingleses?"

Actividad 9 ●

Debate: ¡No los conozco a todos!

Divida a la clase en tres grupos.

Grupo A: Coleccionistas de tópicos

El primer grupo elabora una lista de diferentes tópicos nacionales que ellos conocen (pueden ser tópicos de diferentes países o regiones de los países). Da igual si ellos piensan que los tópicos son ciertos o no.

Grupo B: Defensores de los tópicos

El segundo grupo piensa razones y ejemplos de tópicos que son ciertos, que ellos creen que son fiel reflejo de las gentes a las que se refieren.

Grupo C: Detractores de los tópicos

El tercer grupo piensa razones y ejemplos de tópicos que no son ciertos, de mitos que no se ajustan a la realidad.

Cuando los diferentes grupos han terminado ponen sus ideas en común. El grupo A expone los tópicos que ha coleccionado y los otros dos grupos defienden la validez o no del tópico. Una vez que todos los tópicos han sido expuestos se realiza una discusión final y se lleva a cabo una votación entre todos los miembros de la clase. La votación se hace entorno a la siguiente pregunta: ¿Son ciertos los tópicos nacionales?

Correcciones y explicaciones

Actividad 1 •

palabra en el texto	sinónimo/definición
1 trayecto *"durante aquellos largos trayectos"*	i) Espacio que se recorre o puede recorrerse de un punto a otro.
2 bota *"y la bota de vino que pasaba"*	ñ) Pequeña bolsa de cuero para guardar líquidos y beberlos.
3 pasar de *"pasaba de mano en mano"*	o) Ir de un lugar o estado a otro diferente.
4 variopinta *"a la variopinta diversidad de origen"*	g) Que ofrece diversidad de colores o de aspecto.
5 ferroviaria *"sociología ferroviaria"*	j) Relativa al ferrocarril o tren.
6 tópico *"lista de los tópicos nacionales"*	d) Estereotipo.
7 influir sobre *"han influido sobre las gentes"*	p) Producir un efecto; ejercer una fuerza moral sobre el ánimo de una persona.
8 esforzarse por *"tiene que esforzarse por serlo"*	k) Hacer esfuerzos física y moralmente para conseguir algo.
9 tauromaquia *"mundo de la tauromaquia"*	c) Ciencia de la corrida de toros.
10 torero *"los toreros torean"*	m) Persona que se dedica a la lidia de toros en las plazas.
11 chiste *"aparece una serie de chistes"*	a) Broma, frase ingeniosa y graciosa.
12 atribuir *"se les atribuyen"*	e) Imputar. Suponer que una persona dijo o hizo algo.
13 proverbial *"proverbial es desde antiguo"*	f) Muy conocido, habitual o famoso.
14 tacañería *"la tacañería de los catalanes"*	n) Avaricia.
15 un duro *"un duro no va a ninguna parte"*	h) Moneda española cuyo valor es de 5 pesetas.
16 comprometerse *"que para no comprometerse"*	l) Hacerse responsable de alguna obligación o de alguna cosa.
17 desconfianza *"mi íntima desconfianza"*	b) Recelo. Falta de confianza.

1

Correcciones y explicaciones

Actividad 2

palabra en el texto	falso amigo	traducción correcta en inglés
gracioso	gracious	amusing
sobrio	sober	**moderate**
parco	parched	**sparing, laconic**
rudo	rude	**coarse**
inconcreto	inconcrete	**indecisive**
triste	trite	**sad**

Actividad 3

1   b: During long train journeys **people** would talk about **national stereotypes**.

2   a: Catalans are normally described as **very reserved**, but when they become your friends they are very good ones.

3   a: When the list of Spanish stereotypes was drawn up, the Andalusians were **lucky enough** to be considered as **amusing**.

4   c: Galicians are very **indecisive**, if you meet a Galician on the stairs **you don't know whether he is going up or down**.

5   b: Stereotypes had some truth in them originally and have had an influence **on the people they referred to**.

6   b: Basques are **usually described as being coarse** and **dim-witted**.

7   c: The author expresses his **personal distrust** of national stereotypes.

Actividad 4

The following are just suggestions. You may well have chosen other words. The wording of your sentences may be different, but check that the grammar is correct.

Gallegos	Vascos	Castellanos	Catalanes	Aragoneses
1 ambiguos	3 rudos	5 serios	7 tacaños	9 francos
2 melancólicos	4 de pocas entendederas	6 orgullosos	8 muy suyos	10 tercos

Gallegos: Se dice que los gallegos son muy ambiguos, es decir, inconcretos; además son muy melancólicos y tristes.

Vascos: Los vascos son famosos por ser rudos y por tener pocas entendederas.

Castellanos: A los castellanos se les atribuye un carácter serio, también son orgullosos.

Catalanes: A los catalanes se les acusa de tacaños y muy suyos, seguramente es envidia porque Cataluña es una región muy rica

Aragoneses: De los aragoneses se dice que son francos y tercos, quizá porque ser franco invita a ser terco y viceversa.

Actividad 5 •

Here are our suggested answers. The wording of your answers may be slightly different, but check that the overall meaning is the same.

1 *"Durante aquellos largos trayectos, con tortilla de patatas compartida y la bota de vino que pasaba de mano en mano, no había conversación que cuadrara mejor que aquella a la variopinta diversidad de origen de los sufridos viajeros."*

Explicación en español:

En aquellos viajes largos los viajeros compartían comida y bebida; y la conversación más común era hablar sobre los distintos lugares de los que venían.

Traducción en inglés:

During those long journeys, when Spanish omelettes would be shared and wineskins would be passed from hand to hand, there could be no more appropriate topic of conversation than the many and varied places from which the long-suffering travellers hailed.

2 *"de Despeñaperros para abajo los toreros torean, mientras que, de Despeñaperros para arriba, los toreros trabajan."*

Explicación en español:

Los toreros del sur de España torean muy bien, mientras que los del norte no lo hacen tan bien a pesar de que se esfuerzan.

Traducción en inglés:

From Despeñaperros southwards bullfighting is an art, but north of Despeñaperros it is simply hard labour.

3 *"Vizcaíno es el hierro que os encargo, corto en palabras pero en obras largo."*

Explicación en español:

La espada que quiero debe ser como los de Vizcaya, que hable poco y que haga mucho.

Traducción en inglés:

Give me a sword made from the iron of Vizcaya, to make actions speak louder than words.

4 *"Venga, hombre", le dice un madrileño. "Si un duro no va a ninguna parte". Y replica el catalán: "por eso, por eso tiene que estar por aquí".*

Explicación en español:

El madrileño dice que un duro no vale mucho, pero el catalán se empeña en encontrarlo.

Traducción en inglés:

"Come on", says the man from Madrid. "Five pesetas won't go anywhere". And the Catalan replies: "Exactly! That's why it has to be around here somewhere".

Correcciones y explicaciones

1

Actividad 6 ·

The titles you have chosen for the groups may be slightly different, but check that the meaning is the same. The wording of your sentences may be different, but check that the grammar is correct.

1 Españoles de diferentes regiones
catalanes
castellanos
franceses
gallegos
andaluces

Frase: Los gallegos y los andaluces se suelen describir de maneras completamente diferentes, a los gallegos se les considera tristes y melancólicos mientras que los andaluces son famosos por su gracia y alegría.

2 Verbos en pretérito imperfecto
solía
había
podía
decía
tacañería

Frase: Cuando vivía en Londres yo solía ir a dar un paseo todas las mañanas por un parque que había cerca de mi casa.

3 Sustantivos que indican tiempo
tiempos
época
siglo
trayectos
orígenes

Frase: Desde los orígenes de una sociedad los tópicos han cambiado de una época a otra, aunque algunos han perdurado.

4 Adverbios temporales
durante
abajo
cuando
siempre
antes

Frase: Siempre me ducho antes de desayunar.

Actividad 7 •

Actividad 8 •

Here is a sample essay. No doubt your own composition will be very different. Read this one carefully and make a note of any useful phrases that would have improved your own essay. Expressions from the text and from the *Observaciones lingüísticas* are shown in bold type.

En España a los ingleses **se les atribuye** un carácter excéntrico y sobrio; aunque, claro, esta visión varía de región en región. En cambio, si se le pregunta a un alemán **probablemente** describirá a los ingleses como modernos e interesantes, **lo cual** pone de manifiesto la enorme variedad de los **tópicos nacionales** y su poca fiabilidad.

Lo que sí es verdad es que hay características de la vida inglesa que se quedan grabadas en la memoria de quienes visitan sus diferentes ciudades; pero estas características son más bien **señas de identidad**, aspectos de la vida inglesa que son diferentes para el visitante. A los españoles siempre les admira que la mayoría de los ingleses tienen jardín en su casa, algo que es un lujo en España. También se admira el **sentido del humor** de los ingleses y su afilado carácter irónico, lo cual contrasta con la imagen de las universidades tradicionales inglesas, como Oxford y Cambridge, de su **seriedad** y rigor académico. Quizás lo que un español nunca podrá admirar de un inglés es la costumbre de servir la cerveza templada en lugar de bien fría. Pero esto más que un **estereotipo**, seguramente se debe al tiempo, que es muy diferente entre Inglaterra y el sur de Europa.

Los ingleses son, como todo el mundo, diferentes de nosotros y diferentes entre sí; son personas con sus **hábitos**, sus **costumbres** y sus **personalidades**; y tratar de englobarlos a todos en una sola descripción es imposible.

2 Tradiciones de México

Los Matachines: soldados de la virgen

Cuando la época de las lluvias se hace presente en la sierra suroccidental de Chihuahua los tarahumaras se dispersan en sus aislados ranchos. El regreso a casa conlleva realizar las labores más pesadas del ciclo agrícola, pero ellos saben que la recompensa a estos esfuerzos bien vale la pena. Cuando los cultivos maduran y está a punto de levantarse la cosecha, la gente vuelve a reunirse para llevar a cabo fiestas y ceremonias colectivas: ha llegado la hora de celebrar el bienestar económico que representa la obtención de los frutos de la tierra y se da inicio a un ciclo festivo que abarca desde finales del otoño hasta febrero o marzo, época en que se comienzan las labores agrícolas de una nueva temporada. Las fiestas principales de este ciclo se dedican básicamente a celebrar los santos patronos, a conmemorar las fechas más relevantes de la Pascua de Navidad y a honrar a la virgen María, una de las divinidades más veneradas en la región. Durante este período una sociedad ceremonial destaca por su activa participación en las fiestas: se trata de los matachines, los danzantes que dedican sus actuaciones a la Virgen.

Aunque las fechas de apertura y de cierre de las actuaciones de los matachines varíe considerablemente, según la comunidad de que se trate, el ciclo ritual durante el que estas son más intensas alcanza su etapa culminante en el período que corre entre el 12 de diciembre (fiesta de la Virgen de Guadalupe) y el 6 de enero (fiesta de los Santos Reyes).

El número de la miembros de un grupo de matachines varía mucho; en buena medida depende del poder de convocatoria de los organizadores, del grado de tradicionalismo que conserve la comunidad en cuestión, y de las posibilidades económicas de la gente. Ésto último se debe a que cada matachín debe comprar su vestimenta y demás objetos concernientes a la parafernalia ritual.

INDUMENTARIA La vestimenta consiste en ropa de origen mestizo: camisa, pantalones, botas y calcetas (estas últimas sobrepasan las botas y se ajustan por encima de los pantalones). En la cadera, tapando la pelvis y los glúteos, se ata un paliacate de colores, cuya punta cuelga entre las piernas semejando un taparrabo. Para rematar el atuendo, se colocan también un par de capas rojas o floreadas de tela de algodón, que van desde los hombros hasta las rodillas.

MÚSICA Y COREOGRAFÍA Los instrumentos para ejecutar la música que acompaña a esta danza son el violín, al que los tarahumaras llaman *ravel* y una guitarra o guitarrón con siete cuerdas ordenadas en una escala de tres graves arriba y cuatro agudas abajo.

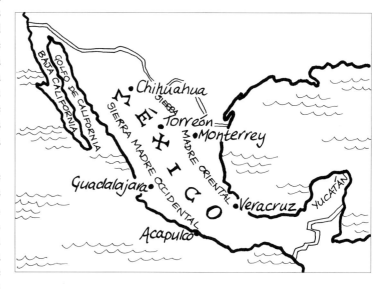

Para la danza la posición del cuerpo es erecta, mientras que el paso se marca con con las plantas de los pies. Las figuras coreográficas más comunes han sido denominadas "cruzamientos"(intercambios de posiciones entre las dos hileras en las que se divide el conjunto de danzantes); "serpentinas"(los "monarcas", dirigentes de la danza, cruzan entre las dos filas, rodeando a cada uno de los danzantes) y "ondeos" (desplazamientos de los integrantes de una fila quienes rodean a los de la otra mientras éstos permanecen en su lugar y viceversa). Además, otro movimiento consiste en los giros que hace cada uno de los danzantes sobre sí mismo.

LA DANZA EN OTRAS REGIONES DE MÉXICO

Existen varias versiones de la danza de matachines en el territorio nacional, en las que también los que danzan lo hacen en agradecimiento a favores recibidos o como pago de una manda o promesa hecha a los santos. Algunos ejemplos permiten constatar que esta danza es un elemento cultural que sobrepasó las fronteras étnicas, pues se lleva a cabo en varias comunidades mestizas del norte de México.

ORÍGENES DE LOS MATACHINES

El origen europeo de las danzas matachines y de otros bailes asociados a éstas – conocidos como "Danzas de la Conquista" o de "Moros y Cristianos" – es bastante evidente. En las cortes del Viejo Mundo se presentaban las actuaciones de los *mattachins* en Francia, los *matacinio* en Italia y los *moriskentänzer* en Alemania. Aunque la palabra árabe *mudawajjihen*, que significa "los que se ponen cara a cara" o "los que se ponen cara" – tal vez en referencia al uso de máscaras – podría sugerir un origen arábigo de la danza.

Las descripciones de aquella época presentan a los matachines como bufones que actuaban en los entremeses cortesanos. Se trataba generalmente de hombres que bailaban en círculo dando saltos y simulando combates con espadas fingidas; llevaban cascos y cascabeles y seguían el ritmo marcado por una flauta.

Los dramas coreográficos y rituales que conforman las "Danzas de conquista" fueron introducidas en México por los misioneros católicos, quienes los usaron como un recurso para reforzar sus tareas evangelizadoras, al darse cuenta del gran apego que los indígenas tenían hacia la danza, el canto y la música. Es posible que, originalmente, los misioneros pretendiesen dramatizar el triunfo de los cristianos sobre el emperador azteca Moctezuma gracias a los oficios de la Malinche, considerada la primera conversa al cristianismo del antiguo México.

Desde luego, los indígenas empezaron a añadir elementos autóctonos tanto a la danza como al acompañamiento musical. La aceptación de éstas fue tal, que las autoridades virreinales prohibieron su ejecución en el interior de los templos o los atrios de las iglesias, por temor a que se suscitaran revueltas y porque consideraban paganas algunas de estas manifestaciones; sin embargo, este tipo de medidas represivas sólo consiguió que las danzas se ejecutaran a una distancia más prudente del poder español, por ejemplo, en las casas de los indios principales. Este hecho favoreció aún más el sincretismo con la adición de nuevos elementos pertenecientes a la cultura de los nativos. En el caso de los matachines, el significado original enseñado por los misioneros franciscanos y jesuitas terminó por desaparecer entre los indígenas del noroeste. Los elementos de la parafernalia y la vestimenta también sufrieron transformaciones para adaptarse a los gustos y motivos más celebrados por los indígenas. Al mismo tiempo, se abandonó la utilización de parlamentos y se reasignaron las funciones de ciertos personajes (como los monarcas, la Malinche y los bufones). La danza de matachines se convirtió así en una manifestación cultural propia de los pueblos indígenas del noroeste mexicano.

Texto y fotos: Andrés Ortiz Garay

2

Tradiciones de México

Actividad 1 ••

Comprensión de palabras clave

El objetivo de la primera lectura del texto será entender las palabras clave a medida que lea el texto. Una las palabras de la columna de la izquierda con su definición en la columna de la derecha. Intente adivinar el significado de las palabras por el contexto.

Palabras clave	Definiciones
1 tarahumaras *"los tarahumaras se dispersan"*	a) vestimenta de persona para adorno o abrigo de su cuerpo
2 patrón *"celebrar los santos patronos"*	b) acabar, concluir
3 parafernalia *"parafernalia ritual"*	c) medias del pie y pierna
4 indumentaria	d) conjunto de ritos o cosas que rodean determinados actos o ceremonias
5 mestizo *"ropa de origen mestizo"*	e) pedazo de tela u otra para cubrirse los genitales
6 calcetas *"ropa de origen mestizo: (…) botas y calcetas"*	f) persona convertida al cristianismo
7 paliacate *"se ata un paliacate de colores"*	g) bola hueca de metal con una piedra o bola de hierro en su interior que suena al agitarla
8 taparrabo *"cuelga entre las piernas semejando un taparrabo"*	h) piezas de teatro, jocosas, de un sólo acto, que solían representarse entre una y otra jornada de la comedia (This word is more commonly associated with food and cookery, and means "starters")
9 rematar *"para rematar el atuendo"*	i) párrafos en prosa o verso que declama un actor de teatro
10 hilera *"posiciones entre las dos hileras"*	j) formación en línea de personas o cosas
11 entremeses *"actuaban en los entremeses cortesanos"*	k) santo protector escogido por un pueblo o congregación
12 cascabel *"llevaban cascos y cascabeles"*	l) pañuelo grande de vivos colores, usado por la gente de campo
13 converso *"la primera conversa al cristianismo"*	m) que ha nacido o se ha originado en el mismo lugar donde vive o se encuentra
14 autóctono *"elementos autóctonos"*	n) persona nacida de padre y madre de raza diferente, y especialmente el hijo de hombre blanco e india, o de indio y mujer blanca

15 autoridades virreinales *"las autoridades virreinales prohibieron…"*	ñ) indios americanos nacidos en el suroeste de Chihuahua (México)
16 parlamentos *"se abandonó la utilización de parlamentos"*	o) autoridades españolas que gobernaban en territorios de América antes de la independencia
17 sincretismo *"favoreció el sincretismo"*	p) doctrina que trata de conciliar ideas o teorías diferentes

Actividad 2

Comprensión de texto

Después de una primera lectura del texto, indique con un (✓) si las siguientes afirmaciones son verdaderas o falsas.

	V	F
1 En Chihuahua, en la época de las lluvias, la gente se reúne para las fiestas.	☐	☐
2 Las fiestas religiosas son uno de los principales motivos de celebración para los tarahumaras.	☐	☐
3 Los Matachines son grupos de danzantes que actúan en estas fiestas.	☐	☐
4 Los danzantes se visten con túnicas de colores oscuros.	☐	☐
5 Para la danza se utiliza el violín y una guitarra o guitarrón.	☐	☐
6 Los cruces, los rodeos y los giros de los danzantes son elementos importantes de la coreografía en la danza de los matachines.	☐	☐
7 El origen de los matachines es desconocido.	☐	☐
8 Las danzas de los matachines fueron rechazadas por los indígenas.	☐	☐

Tradiciones de México

2

Tradiciones de México

Actividad 3 •

Comprensión de texto

Después de una lectura más detenida del texto conteste en español a las siguientes preguntas. Intente utilizar sus propias palabras en lugar de las del texto:

1 ¿Qué celebran los tarahumaras en sus fiestas?

2 ¿A quién se dedican principalmente los festejos?

3 ¿De qué depende el número de matachines que integra un grupo?

4 ¿Dónde se representaban las danzas de los matachines en la Europa del "Viejo Mundo"?

5 ¿Qué se cree que podían representar estas danzas en un principio?

6 ¿Por qué los gobernadores prohibieron estas danzas en un momento dado?

7 ¿Qué elementos de las danzas de los matachines cambiaron los indígenas?

8 ¿Quién asume ahora la tradición como propia?

Actividad 4 •

Ampliación de vocabulario

En el texto que acaba de leer aparecen las palabras siguientes. Con ayuda de su diccionario, complete el siguiente cuadro. Puede seguir el modelo que le damos como ejemplo.

verbos	sustantivos	adjetivos/ participios	adverbios
dispersar(se)	dispersión	disperso	
venerar	veneración	venerado	
celebrar	celebración	celebrado	
cenar	cierre	cerrado	
variar		variado	variablemente
			considerablemente
	tradicionalismo		
rematar			
simular			
seguir			
dramatizar	drama		
		evangelizador	
	converso	converso	
	parlamento		

Actividad 5 •

Práctica de vocabulario: crucigrama

Haga el crucigrama con la ayuda de las frases que siguen. Todas las palabras están extraídas del texto, en su forma original o derivada.

Horizontal

3 En estas representaciones se luchaba con armas _____ . (8)
5 El _____ (7) de los colonizadores no impidió que los indígenas mantuvieran sus cultura.
7 Los pañuelos tienen cosidos _____ (10) en las puntas para que suenen cuando bailan las
8 Lo contrario de apertura. (6)
9 Los hombres calzan _____ (5) porque representan guerreros en una batalla.
10 Los misioneros católicos intentaban por todos los medios _____ (9) a los indígenas al catolicismo.
13 Los tarahumaras _____ (8) sus principales fiestas del 12 de diciembre al 6 de enero.
14 Lo contrario de reunirse (11).
15 Las danzas matachines llegaron a México en la _____ (5) de la colonización. mujeres.

Vertical

1 Los matachines practican durante semanas su _____ . (5)
2 En las fiestas todos los del pueblo se visten con el típico _____ (7) de campesino.
4 El espectáculo, en un principio, _____ (11) la historia de la evangelización de los aztecas.
6 Una de las costumbres que con mayor facilidad los retratan y que más facetas muestran, son las _____ (7) mexicanas.
11 Los tarahumaras, como los andaluces _____ (7) especialmente a la Virgen.
12 Los campesinos festejan el levantamiento de la _____ . (7)

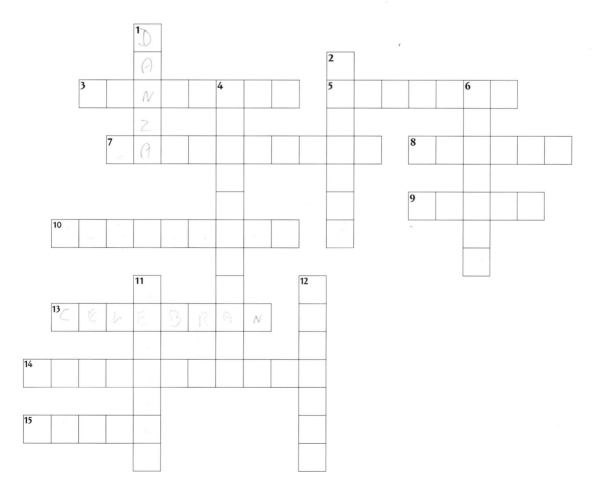

2

Tradiciones de México

Observaciones lingüísticas

1 Pronominal se

The term 'pronominal verb' refers to those verbs that are used with object pronouns (i.e. *me*, *te*, *se*, *nos*, *os*, *se*) as in the following examples:

*(i) "Tendremos que **reunirnos** en nuestras comunidades."*

We will have to meet in our communities.

*(ii) "La danza **se convirtió** en una manifestación cultural."*

The dance became a cultural statement.

*(iii) "**Me caí** mientras miraba la danza de los tarahumaras."*

I fell down while I was watching the dance of the tarahumaras

In this type of sentence, the object pronoun refers to the subject of the verb, and it is this which governs the choice of pronoun. Here are some examples:

*(iv) "(ellos/Uds.) **Se reúnen** frecuentemente con los de mi comunidad"*

They/You (formal) frequently meet the people in my community

*(v) "¿(tú)**Te has puesto** el paliacate?"*

Have you put on the *paliacate?*

*(vi) "No (vosotros) **Os disperséis**: es fácil perderse por esos parajes."*

Don't get separated: it is easy to get lost round there.

There are many pronominal verbs in Spanish. They are used in various ways which can affect the meaning of the sentence. The most common are the reflexive ones, in which the action of the verb 'reflects back' onto its subject, as in example (v).

The verbs used to denote reciprocal actions (i.e. ones that take place between two people or things) also form part of this group, as in examples (i) and (iv).

It is interesting to compare Spanish usage with that of English, in which 'each other' or 'one another' are often included in sentences which describe actions of this type, e.g. 'They congratulated each other when the result was announced'. In Spanish, this would be *'Se felicitaron (los unos a los otros) cuando se anunció el resultado'*. The words in brackets are optional, and may be added when clarification is necessary.

Pronominal verbs are often used in Spanish for everyday actions - see examples (i), (iv) and (v); or accidental ones, as in (iii) (*'caer'* – to fall; *'caerse'* – to fall over, to fall down).

There is no single verb in Spanish which conveys the meaning of 'to become', but as example (ii) shows, *'convertirse en'* is used in this sense with nouns; other verbs such as *'volverse'*, *'hacerse'* and *'ponerse'* can also convey this meaning when used with adjectives.

2 Passive and Impersonal sentences with se

Se followed by a verb in the third person is often used in Spanish when there is no real need to know who is performing an action. In such sentences the focus shifts to the process. The verb normally agrees in number (singular or plural) with the noun to which it refers. Passive constructions are often used to translate such sentences into English.

*En ésta época **se comienzan** las labores agrícolas.*

Work in the fields starts at this time of the year

*Para rematar el atuendo **se colocan** también un par de capas rojas o floreadas*

To finish off the outfit a couple of red or flower-patterned capes are put on..

*En la cadera **se ata** un paliacate de colores.*

A coloured shawl is tied round the hips

An alternative construction

When the object of the verb is an individual person or specific group, it is possible to use the construction*: se + verb + (personal a)*. In such cases the verb is always singular:

> *Se **criticó** duramente <u>al cineasta.</u> / **Se criticó** duramente <u>a los cineastas</u>.*
>
> The film-maker was severely criticized./The film-makers were severely criticized.

Actividad 6

Uso de la construcción impersonal "se + verbo 3ª persona"

Traduzca las frases siguientes al español utilizando la construcción "se+ verbo en 3ª persona".

1   In our country the efforts made (by people) to maintain our own culture are important.

2   In small communities a large number of traditions have been kept.

3   During the colonial period the culture that developed was one of resistance.

4   There were already many celebrations in Mexico before the arrival of the Spaniards.

5   Saints and other religious rituals were added to Mexican celebrations.

Actividad 7

Apuntes

Busque estas palabras y expresiones en el texto y observe cómo se utilizan. Usted puede usarlas también en sus composiciones y debates en español.

valer (algo) la pena	to be worth it
es hora de...	it is time to...
aunque	although
darse cuenta	to realize
desde luego	of course/naturally
al mismo tiempo	at the same time
actualmente	at present/nowadays/at the moment

Actividad 8

Redacción

Resuma el texto que ha leído en unas 200 palabras. Intente que su resumen conteste a las preguntas ¿dónde?, ¿cuándo?, ¿qué se hace?, ¿por qué? Puede encontrar ayuda en las actividades 2 y 3.

Actividad 9

En parejas: siguiendo las preguntas del ejercicio anterior como modelo, tome notas de alguna tradición que conozca. A continuación, cuéntela a su compañero. No olvide describir el atuendo y la parafernalia relacionados con la tradición que va a contar.

2

Correcciones y explicaciones

Actividad 1

Palabras clave	Definiciones
1 tarahumaras *"los tarahumaras se dispersan"*	o) indios americanos nacidos en el suroeste de Chihuahua (México)
2 patrón *"celebrar los santos patronos"*	k) santo protector escogido por un pueblo o congregación
3 parafernalia *"parafernalia ritual"*	d) conjunto de ritos o cosas que rodean determinados actos o ceremonias
4 indumentaria	a) vestimenta de persona para adorno o abrigo de su cuerpo
5 mestizo *"ropa de origen mestizo"*	n) persona nacida de padre y madre de raza diferente, y especialmente el hijo de hombre blanco e india, o de indio y mujer blanca
6 calcetas *"ropa de origen mestizo: (...) botas y calcetas"*	c) medias del pie y pierna
7 paliacate *"se ata un paliacate de colores"*	l) pañuelo grande de vivos colores, usado por la gente de campo
8 taparrabo *"cuelga entre las piernas semejando un taparrabo"*	e) pedazo de tela u otra para cubrirse los genitales
9 rematar *"para rematar el atuendo"*	b) acabar, concluir
10 hilera *"posiciones entre las dos hileras"*	j) formación en línea de de personas o cosas
11 entremeses *"actuaban en los entremeses cortesanos"*	h) piezas de teatro, jocosas, de un sólo acto, que solían representarse entre una y otra jornada de la comedia (This word is more commonly associated with food and cookery, and means "starters")
12 cascabel *"llevaban cascos y cascabeles"*	g) bola hueca de metal con una piedra o bola de hierro en su interior que suena al agitarla

13 converso *"la primera conversa al cristianismo"*	f) persona convertida al cristianismo
14 autóctono *"elementos autóctonos"*	m) que ha nacido o se ha originado en el mismo lugar donde vive o se encuentra
15 autoridades virreinales *"las autoridades virreinales prohibieron…"*	p) autoridades españolas que gobernaban en territorios de América antes de la independencia
16 parlamentos *"se abandonó la utilización de parlamentos"*	i) párrafos en prosa o verso que declama un actor de teatro
17 sincretismo *"favoreció el sincretismo"*	q) doctrina que trata de conciliar ideas o teorías diferentes

Actividad 2 •

1 Falso. It is false because they gather together to celebrate when the harvest is about to start (not in the rainy season)

Para 1: *"**Cuando la época de las lluvias** se hace presente en la sierra suroccidental de Chihuahua **los tarahumaras se dispersan** en sus aislados ranchos(…).**Cuando los cultivos maduran** y está a punto de levantarse la cosecha, **la gente vuelve a reunirse para llevar a cabo fiestas** y ceremonias colectivas."*

2 Verdadero

Para 2: *"Las fiestas principales de este ciclo se dedican básicamente a celebrar **los santos patronos**, a conmemorar las fechas más relevantes de **la Pascua de Navidad** y a honrar a **la Virgen María**…"*

3 Verdadero

Para 2: *"Durante este período una sociedad ceremonial destaca por su activa participación en las fiestas: se trata de los matachines, los danzantes que dedican sus actuaciones a la Virgen."*

4 Falso

Para 5: *"(…) "En la cadera, tapando la pelvis y los glúteos, se ata **un paliacate de colores**, cuya punta cuelga entre las piernas semejando **un taparrabo**. Para rematar el atuendo, se colocan también **un par de capas rojas o floreadas** de tela de algodón, que van desde los hombros hasta las rodillas."*

5 Verdadero

Para 6: *"Los instrumentos para ejecutar la música que acompaña a esta danza son **el violín**, al que los tarahumaras llaman ravel y **una guitarra o guitarrón** con siete cuerdas ordenadas en una escala de tres graves arriba y cuatro agudas abajo."*

6 Verdadero

Para 6: *"Las figuras coreográficas más comunes han sido denominadas '**cruzamiento**'" (inter-cambios de posiciones entre las dos hileras en las que se divide el conjunto de danzantes); 'serpentinas' (los monarcas, dirigentes de la danza, cruzan entre las dos filas, **rodeando** a cada uno de los danzantes) y 'ondeos' (desplazamientos de los integrantes de una fila quienes **rodean** a los de la otra mientras éstos permanecen en su lugar y viceversa). Además, otro movimiento consiste en los **giro**s que hace cada uno de los danzantes sobre sí mismo."*

7 Falso

Para 8: *"**El origen europeo** de las danzas matachines y de otros bailes asociados a éstas conocidos como 'Danzas de la Conquista' o de 'Moros y Cristianos', **es bastante evidente**."*

2

Correcciones y explicaciones

8   Falso

Para 10: *"**La aceptación de éstas fue tal** que las autoridades virreinales prohibieron su ejecución en el interior de los templos o los atrios de las iglesias."*

Actividad 3 ●

Here are our suggested answers. Yours may be expressed differently, but make sure that the overall meaning is the same.

1   Celebran la llegada del bienestar económico que representa la cosecha. (Para 1)

2   Principalmente se dedican a los santos patronos, a Jesús y a la Virgen. (Para 2)

3   El número de matachines de un grupo depende de la capacidad de convocatoria de los organizadores, de lo tradicionalistas que sean en la comunidad y del poder económico de los matachines. (Para 4)

4   Se representaban en los entremeses que se celebraban en la corte. (Para 8)

5   Se cree que podían representar el triunfo de los cristianos sobre los aztecas. (Para 9)

6   Por temor a que suscitaran revueltas y porque las consideraban manifestaciones paganas. (Para 10)

7   Los indígenas cambiaron el significado de la danza, la parafernalia, la indumentaria, las funciones de algunos personajes y dejaron de declamar en ella. (Para 10)

8   Los pueblos indígenas del noreste mexicano. (Para10)

Actividad 4 ●

Verbos	sustantivos	adjetivos/ participios	adverbios
dispersar(se)	*dispersión*	*disperso*	
venerar	veneración	**venerado**/venerable	venerablemente
celebrar	celebración	célebre celebrado	
cerrar	**cierre**/cerrazón	cerrado	
variar	variación	variable/variado	variablemente
considerar	consideración	considerable/ considerado	**considerablemente**
	tradicionalismo	tradicional	tradicionalmente
rematar	remate	rematado	rematadamente
simular	simulación simulacro	simulado	simuladamente
seguir	seguimiento	seguido	seguidamente
dramatizar	**drama** dramatismo dramatización dramaturgia dramaturgo	dramático dramatizable dramatizado	dramáticamente

evangelizar	evangelio evangelista evangelización	**evangelizador/** evangélico/ evangelizado	evangélicamente
convertir	**converso** conversión	**converso**/convertido	
parlamentar	**parlamento**	parlamentado	

Actividad 5

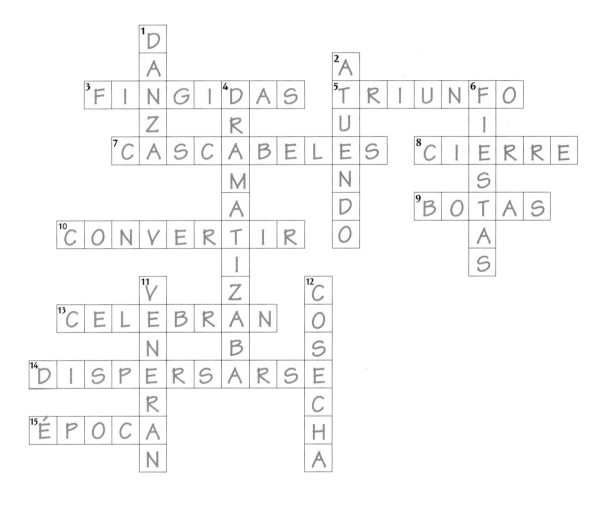

2

Actividad 6

The wording of your answers may be slightly different, but make sure that you included the *se+* **verb** structure and that the meaning of your sentences matches the ones below.

1 En nuestro país los esfuerzos **que se han realizado** para conservar nuestra propia cultura son importantes

2 En las pequeñas comunidades **se han mantenido/conservado** buena parte de las tradiciones.

En las pequeñas comunidades **se han mantenido/conservado** un gran número de las tradiciones.

3 Durante la colonización **se construyó** una cultura basada en la resistencia.

4 Muchas fiestas ya **se celebraban** en México antes de que llegaran los españoles/de la llegada de los españoles.

5 Los santos y otros ritos religiosos **se sumaron/se añadieron** a las fiestas mexicanas.

Actividad 8

Here is a sample essay. No doubt your own composition will be quite different. Read this one carefully and make a note of any useful phrases that would have improved your own essay. Expressions from the text and from the *Observaciones lingüísticas* are shown in bold type.

En Chihuahua (norte de México), al final de la temporada de trabajo en las tierras, **se celebran** unas fiestas que van desde finales de otoño, cuando **es la hora de** recolectar la cosecha, hasta febrero o marzo que **se empieza** nuevamente a trabajar. En estas fiestas, la gente **se reúne** para **celebrar acontecimientos** que en su mayor parte tienen motivos religiosos y que alcanzan su apogeo en las fiestas de Navidad y la adoración de la Virgen.

Uno de los espectáculos más especiales de estas fiestas son las danzas de los matachines. Los matachines son unos grupos de **danzantes** que existen en varias comunidades mestizas del norte de México. **Se visten** de colores vivos y bailan al son de una guitarra o guitarrón un danza que consta de cruzamientos, rodeos y giros.

Esta danza tiene su origen en Europa. **Se piensa** que proviene de las representaciones que **se hacían** en los entremeses de la corte y en las que los matachines eran una especie de bufones que **dramatizaban** combates. Éstas, como otras danzas parecidas, **se introdujeron** en México durante la colonización, **aunque** después los nativos aportaron nuevos elementos indígenas y las adaptaron a sus propias tradiciones.

Actualmente las danzas de los matachines **se consideran** una tradición propia del noreste mexicano.

3 La cultura de los jóvenes

MUCHO CINE Y POCO TEATRO

Los jóvenes menores de 20 años apenas se interesan por el teatro o la lectura, mientras que el cine es la actividad cultural preferida.

Las preferencias culturales en España están claras. Los españoles anteponen el cine y la música al teatro y la lectura, según un amplio informe que ha presentado la Sociedad General de Auditores y Editores (SGAE) esta semana. Algunas cifras son alarmantes, sobre todo las que se refieren a los hábitos culturales de los jóvenes. Los responsables del estudio aseguran que los datos rompen mitos muy arraigados en la sociedad española.

El panorama que ha presentado la SGAE en su *Informe sobre hábitos de consumo cultural en España es,* en algunos apectos, desolador, y puede resumirse en una frase: los jóvenes menores de 20 años apenas se interesan por el teatro y la cultura.

Lo dicen las cifras: el 75% de los españoles no acuden a los patios de butacas, y menos a la ópera, un género que interesa a dos de cada cien personas. En cuanto a los hábitos de lectura, el 49,1% de los encuestados confiesa que no lee nunca o casi nunca. El núcleo de los lectores asiduos está compuesto por personas de estudios superiores, entre 25 y 35 años de clases media y altas, con predominio de mujeres.

LIBROS Y PERIÓDICOS. Sólo el 38,7 % compró como mínimo un libro en el último año, y casi el 30% lee diarios de información general todos o casi todos los días. Este grupo, en el que predominan los hombres, está formado por personas de entre 25 y 55 años, con estudios medios o superiores. Los números ascienden si se cuentan los consumidores habituales de revistas, que suman un 45% mientras que el 24% lee diariamente prensa deportiva de España.

Por el contrario, el nuestro es el país en el que los espectadores van más al cine de media anual, muy por encima de la media europea y de países como el Reino Unido e Italia. La frecuencia con que se asiste a las salas es de 2,85 veces al año, y lo hacen, sobre todo, los jóvenes menores de 35 años, de clases medias

El nuestro es el país en el que los espectadores van más al cine de media anual

altas y con estudios universitarios, mientras que al teatro acuden, en su mayoría, mujeres con estudios universitarios de entre 25 y 44 años y clase social alta.

Para Eduardo Bautista, presidente del Consejo de Dirección de la SGAE, la novedad del estudio radica en que "rompe muchos tabúes" y desmonta mitos muy extendidos en la realidad cultural española". Por ejemplo, se demuestra que la frecuencia de la lectura en Madrid es casi la mitad que en Galicia, que las mujeres son las que hacen mejor y mayor uso de las propuestas culturales, o que a los españoles ya no les gusta mucho más el cine americano que el nacional, aunque sigan viendo multitud

3

La cultura de los jóvenes

frecuencia de asistencia al teatro según edad en 1998 (porcentajes)

	Total	14-19 años	20-24 años	25-34 años	35-44 años	45-54 años	55-65 años	más 65 años
6 veces o más al año	1,3	0,7	0,8	2,5	1,9	0,9	1,0	0,6
4 ó 5 veces al año	1,7	1,0	1,7	2,7	2,5	2,3	1,0	0,6
2 ó 3 veces al año	8,0	6,4	9,6	9,0	8,5	9,7	8,5	4,5
una vez al año	7,8	7,0	7,8	9,5	7,4	8,9	8,3	5,3
menos de una vez al año	5,4	3,8	6,0	6,3	5,7	7,9	4,9	3,1
no va nunca	75,4	80,9	73,8	70,1	73,8	70,0	76,2	85,2
NS/NC*	0,3	0,2	0,3	0,1	0,3	0,4	0,0	0,6

* 'No Sabe, No Contesta'

informe SGAE sobre hábitos de consumo cultural. Enero del 2000

de películas de la meca del cine de Hollywood. Nuestro cine recibe una nota media de 3,90 sobre una escala de 0 a 6, calificación muy cercana al 3,92 que reciben las películas americanas.

MÚSICA Y TELEVISIÓN. El estudio se centra también en la música, y arroja una cifra del 31,1 % de entrevistados que declaran escucharla a diario, frente a un 19,4% en 1991, las cifras han aumentado pues considerablemente en la última decada. Hay dos grandes fronteras generacionales en el interés por la música: antes de los 25 años se centra en el *pop-rock,* y la música en directo; entre 25 y 55 años este interés se deriva hacia las baladas, la canción latinoamericana, en menor medida, *jazz*, música étnica y *new age*; a partir de los 55 los géneros preferidos son el flamenco, la canción española y la música clásica.

En cuanto a la televisión, el informe añade que el 98,8 % de los españoles posee en su hogar una televisión, que la mayoría de la gente la mira frecuentemente y que las personas que más tiempo pasan frente a este aparato son jóvenes menores de 19 años y mayores de 65 pertenecientes a clases sociales bajas y con pocos estudios.

El informe es el primero de esta naturaleza que se realiza desde 1991 en toda Europa, y analiza todos los sectores culturales a partir de veinticuatro mil entrevistas personales realizadas sobre un cuestionario de más de cien preguntas.

Periódico EXPANSIÓN Fin de semana. sábado 22 de enero de 2000

Actividad 1 ••

Comprensión de palabras clave

El objetivo de la primera lectura del texto será entender las palabras clave a medida que lea el texto. Una las palabras de la columna de la izquierda con su definición en la columna de la derecha. Intente adivinar el significado de las palabras por el contexto.

palabras clave	definiciones
1 anteponer (una cosa a otra) *"Los españoles anteponen el cine y la música al teatro"*	a) dar prioridad b) valorar más c) disfrutar más
2 alarmantes *"algunas cifras son alarmantes"*	a) desoladoras b) inquietantes c) sorprendentes
3 hábitos *"hábitos culturales"*	a) aficiones b) preferencias c) costumbres
4 arraigados *"mitos muy arraigados"*	a) muy establecidos b) extraños c) antiguos
5 desolador *"panorama desolador"*	a) alegre b) soprendente c) deprimente
6 patios de butacas *"los españoles no acuden a los patios de butacas"*	a) cine b) teatro c) concierto
7 encuesta *"el 49,1% de los encuestados..."*	a) investigación de datos b) pregunta concreta sobre algún aspecto c) consulta o interrogatorio para obtener datos
8 salas *"se asiste a las salas"*	a) cine b) ópera c) restaurantes
9 asiduos *"lectores asiduos"*	a) que no saben hacer algo b) que no les gusta hacer algo c) que hacen algo con frecuencia, con perserverancia
10 fronteras generacionales *"hay dos grandes fronteras generacionales"*	a) separación de gustos y aficiones o ideas de una generación a otra b) afinidades entre generaciones c) discusiones entre generaciones diferentes
11 hogar *"posee en su hogar una televisión"*	a) dormitorio b) casa, familia c) sala de estar
12 cuestionario *"un cuestionario de más de cien preguntas"*	a) lista de preguntas que se proponen con cualquier fin b) resultado de un estudio c) discusion sobre diferentes cuestiones

3

La cultura de los jóvenes

Actividad 2

Comprensión de texto

Después de una primera lectura del texto, conteste en español a las siguientes preguntas sobre las peferencias culturales de los españoles.

1 ¿Qué prefieren los españoles?

   a) el cine

   b) la lectura

2 Según este estudio, ¿quién va más la cine ?

   a) los españoles

   b) los ingleses

3 ¿Quiénes parecen más interesados en la cultura?

   a) los hombres

   b) las mujeres

4 Las preferencias musicales de los españoles varían según

   a) sexo

   b) edad

5 En España se mira la televisón

   a) mucho

   b) poco

Actividad 3

Comprensión de texto

En la columna de la derecha encontrará distintas opciones culturales; en la de la izquierda distintos sectores de la sociedad. Relacione cada sector con la opción cultural de su preferencia. Cada sector puede tener más de una preferencia.

1 hombres	a) flamenco b) diarios de información general
2 mujeres	c) *jazz* d) teatro
3 jóvenes menores de 35 años con estudios universitarios	e) música en directo f) canciones latinoamericanas g) *pop-rock*
4 jóvenes menores de 19 años con pocos estudios	h) presa deportiva i) canción española j) cine
5 personas menores de 25 años	k) libros l) baladas
6 personas entre 25-55 años	m) música étnica n) *new age*
7 personas mayores de 55 años	ñ) televisión o) música clásica

Actividad 4

Comprensión de texto

Después de una lectura más detenida del texto conteste en inglés a las siguientes preguntas:

1 ¿A qué se refiere el autor cuando dice que el panorama de los hábitos culturales de los españoles es desolador?

2 ¿Qué creencias o ideas sobre la cultura en España desmitifica el estudio?

3 ¿Con qué relaciona directamente el estudio de la SGAE el interés por la cultura?

ADVANCE MATERIALS © 2000

Observaciones lingüísticas

Talking about statistics

a) Verbs referring to increases or decreases:

When discussing statistics, people usually make references to how they have changed over a period of time. This involves the use of verbs to indicate increases and decreases, as well as adverbs of frequency.

Verbs such as: *"ascender"* or *"descender"* are used in the text to refer to statistical changes.

*"Los números **ascienden** si se cuentan los consumidores de revistas"*

The numbers **increase** if you include the purchasers of magazines

Other verbs also used when talking about statistics are:

aumentar	bajar
sumar	disminuir
arrojar	descender
subir	mermar

*"Las cifras **han aumentado** pues considerablemente en la última decada"*

The figures **have grown** considerably in the last decade

*"Los números ascienden si se cuentan los consumidores habituales de revistas que **suman** un 45%"*

The numbers increase if the regular buyers of magazines, **amounting to** 45%, are included.

b) Expressing frequency

The text contains some examples of words that express frequency such as:

*No leen **nunca** o **casi nunca***

They never or hardly ever read.

*El 30% de la gente lee diarios de información general **todos** o **casi todos** los días*

30% of people read papers providing general news coverage every or **nearly every** day.

*El 24% de la gente lee **diariamente** prensa deportiva.*

24% of people read sports papers **every day**.

There are other words and expresssions which also indicate how frequently actions take place. Here is a list of the most common ones, starting with those that denote the most frequent occurrences:

siempre	a veces
cada +día/semana/mes/año/verano, etc.	alguna vez
todos/as+ los/ las+ días/ semanas/ meses/ años/ etc.	algún día
a menudo	alguna que otra vez
frecuentemente	raramente
con frecuencia	apenas
de vez en cuando	casi nunca
de cuando en cuando	nunca
	jamás

The negative *no* is omitted when *casi nunca*, *nunca* or *jamás* are placed in front of a verb. However, when they are put after the verb, *no* must be placed before it.

*"La mayoría de jóvenes **nunca** va a la ópera."*

*"La mayoría de jóvenes **no** va **nunca** a la ópera."*

Most young people **never** go to the opera

Actividad 5

Ampliación de vocabulario

En el texto que acaba de leer aparecen las palabras siguientes. Con ayuda de su diccionario rellene las casillas vacías con las palabras correspondientes de la misma familia. Observe que algunas casillas no pueden rellenarse. Puede seguir el modelo que le damos como ejemplo.

verbos	sustantivos	adjetivos/ participios	adverbios
preferir	**preferencia**	preferido	preferiblemente
		amplio	
		cultural	
		arraigado	
interesarse	**interés**		
confesar			
predominar			
	frecuencia		**frecuentemente**
analizar			

Actividad 6

Repaso de vocabulario: sopa de letras

Siguiendo las casillas en dirección vertical (de arriba abajo o de abajo arriba), horizontal (de izquierda a derecha o de derecha a izquierda) o en diagonal (en todas direcciones) encontrará 10 palabras relacionadas con el mundo de la cultura que corresponden a las definiciones siguientes. Todas las palabras han sido extraídas del texto.

1 composiciones musicales románticas (7 letras) *baladas*

2 proyección de películas o edificio en el que éstas se proyectan (4 letras) *cine*

3 música, cante y baile de Andalucía (8 letras) *flamenco*

4 conjunto de hojas de papel impresas unidas entre sí en el orden en que han de leerse (6 letras) *libros*

5 sucesión de sonidos compuestos para recrear el oído (6 letras) *musica*

6 conjunto de imágenes proyectadas que componen una historia (9 letras) *teatro peliculas*

7 nombre colectivo para referirse a los periódicos en general (6 letras) *prensa*

8 publicación periódica con artículos de actualidad en determinada materia (8 letras) *revista*

9 obra dramática o edificio en el que ésta se representa (6 letras) *teatro*

10 obra teatral, toda ella cantada con acompañamiento de música (5 letras) *ópera*

La cultura de los jóvenes

3

Actividad 7 ●

Apuntes

1 Busque estas palabras y expresiones que aparecen en el texto y observe cómo se utilizan. Usted puede usarlas también en sus redacciones y debates en español.

las preferencias están claras	the preferences are clear
apenas se interesan	they are hardly interested/they show hardly any interest in
por el contrario	on thc contrary/on the other hand
frente a	as against/compared with
mientras que	whereas
en cuanto a	with regard to, as for

2 Repase una última vez el texto y busque al menos 6 nuevas palabras o expresiones que se utilizan en la interpretación de estadísticas. No olvide anotar el contexto en el que aparecen.

Actividad 8 ●

Redacción

"Los jóvenes menores de 20 años apenas se interesan por el teatro y la cultura".

Busque en el texto ejemplos que justifiquen esta afirmación y compare brevemente la situación de la cultura en España con la de su entorno. Para ello tenga en cuenta el vocabulario y las *Observaciones lingüísticas* vistas en la unidad. Utilice entre 200-250 palabras.

Actividad 9 •

Debate

En parejas o en grupos. A continuación tiene el resultado de una encuesta hecha a jóvenes de 15 a 20 años de una escuela de idiomas española. Comenten las estadísticas utilizando las estructuras aparecidas en las observaciones lingüísticas y discutan a qué puede ser debido el mayor o menor interés en una u otra actividad. Piensen si en su país una encuesta de estas características daría resultados similares.

actividades preferidas	15-17 años	18-20 años
cine	30%	37%
teatro	1%	2%
ópera	0%	1%
exposiciones	3%	5%
conciertos	10%	14%
acontecimientos deportivos	23%	25%
televisión	33%	16%

La cultura de los jóvenes

Actividad 5

Vocabulario

verbos	sustantivos	adjetivos/participios	adverbios
preferir	**preferencia**	preferible/preferido	preferiblemente
ampliar	amplitud/ampliación	**amplio**/ampliable/ampliado	ampliamente
culturizar	cultura/culturización	**cultural**/culto	cultamente/culturalmente
arraigar	arraigo/arraigamiento	**arraigado**	
interesarse	**interés**	interesante/interesado	interesadamente
confesar	confesión	confesable/confesado/confeso	
predominar	predominio/predominancia	predominante	predominantemente
frecuentar	**frecuencia**	frecuente/frecuentado	**frecuentemente**
analizar	análisis	analizable/analizado/analítico	analíticamente

Actividad 6

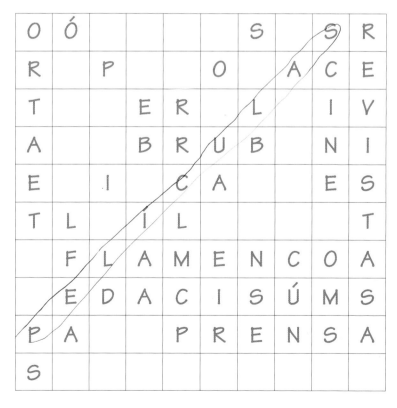

(To locate the square where the word starts, first count the number of squares along the top line, as indicated by the first figure. Then count the number of squares down from the one on the top line, as indicated by the second figure. The letters tell you the direction of the word: N = up, S = down, E = across, left to right, W = across, right to left, SW = diagonal, downwards from right to left, NE = diagonal, upwards from left to right, SE diagonal, downwards from left to right.)

1 BALADAS (7,4,SW)
2 CINE (9,2,S)
3 FLAMENCO (2,7,E)
4 LIBROS (2,6,NE)
5 MÚSICA (9,8,W)
6 PELÍCULAS (1,9,NE)
7 PRENSA (5,9,E)
8 REVISTAS (10,1,S)
9 TEATRO (1,6,N)
10 ÓPERA (2,1,SE)

3

Correcciones y explicaciones

Actividad 8 •

Here is a sample essay. No doubt your own composition will be quite different. Read this one carefully and make a note of any useful phrases that would have improved your own essay . Expressions from the text and from the *Observaciones lingüísticas* are shown in bold type.

Según este estudio los jóvenes españoles **apenas** muestran interés por algunas propuestas culturales. Por ejemplo, no van **nunca** o **casi nunca** al teatro o la ópera. La gente que lee, (**apenas** el 40% de la población) parece que es mayor de 25 años. El cine, que según las estadísticas es el género que tiene más aceptación entre los españoles, **es frecuentado** mayoritariamente por jóvenes con estudios universitarios de clase media y alta. **En cuanto a** la música, aunque el interés por ella **ha aumentado** en los últimos años, ésta sólo parece **interesar** a los muy jóvenes y sólo un 30% de la gente la escucha **a menudo**. **Por el contrario,** los datos del estudio muestran que muchos jóvenes miran la televisión **con frecuencia** con lo que realmente podemos concluir que los jóvenes españoles actualmente no parecen muy interesados en la cultura más tradicional.

Probablemente aquí la situación es bastante parecida, al menos en lo que se refiere al interés por el teatro y la ópera. Creo que los jóvenes prefieren gastarse el dinero en un concierto o en una discoteca que en ir al teatro o a la ópera. Por **el contrario**, entre la gente de mi entorno creo que **hay más interés** por la lectura **mientras que**, según muestra el estudio del texto, no se va tanto al cine. **En cuanto a** la televisión, creo que, desafortunadamente, la popularidad de este medio debe de ser parecida.

4

4 La interpretación de los sueños

Los sueños

Desde la más remota antigüedad el hombre intentó adivinar su futuro o porvenir a través de los sueños y pesadillas que dejaban honda impresión en su mente. El camino por el que se llegó a relacionar lo que soñaba con los acontecimientos futuros, es un completo misterio, ya que se trata de una experiencia de miles y miles de años de los que no quedan escritos. También se ignora quiénes fueron los primeros seres humanos en iniciar tales intentos de interpretación, pero existen referencias históricas que nos demuestran que la oniromancia (del griego *oneiros* [sueño], y *manteia* [adivinación], o sea la adivinación de los sueños), era una práctica cotidiana entre las civilizaciones de Mesopotamia, Egipto, Grecia, Roma, Etruria e Israel, principalmente. (…)

Con el advenimiento de la psiquiatría y psicología modernas, se dio un paso de gigante para comprender el mecanismo de los sueños y avanzar en su interpretación, si bien aún existen lagunas muy oscuras y quién sabe qué razonamiento se dará a los mismos dentro de cien o doscientos años tan sólo. (…)

Durante el sueño se realizan muchos deseos y se solucionan muchos problemas, directamente o a través de símbolos, con lo que los sueños cumplen una misión como guardianes del descanso. Finalmente, los psicoanalistas y otros psiquiatras insisten en que la utilización apropiada y la explicación psicológica del material onírico pueden ofrecer a los pacientes abrumados por problemas personales el exacto conocimiento de dichos problemas, cosa que puede ayudar a liberarse de ellos y a obtener la normalidad psíquica.

También hemos de hacer hincapié en el hecho de que es importante examinar, en su conjunto, los diversos sueños de una persona, pues hay mucho de común en todos ellos, aunque aparezcan símbolos distintos. Los conflictos suelen ir repitiéndose aunque con imágenes diversas. Los símbolos oníricos no son mezclas arbitrarias; la simbolización suele desarrollarse siguiendo unas normas y unas pautas que se conocen como *paralelismo simbólico*. En los diversos tipos de paralelismo simbólico las

Los sueños forman parte de nuestras vidas desde que nacemos.

ideas y los conceptos están relacionados entre sí o se hallan ligados por procesos lógicos o emocionales. Por ejemplo, el padre del soñador puede estar representado por un rey, un maestro... (…)

TIPOS DE SUEÑOS

Han sido muchos los intentos de clasificar los sueños por tipos o clases. Aquí damos una clasificación algo empírica pero útil a la hora de intentar comprender de qué tipo es el sueño que uno ha tenido. Los cinco tipos principales de sueños son los siguientes:

1 Sueños provocados por condiciones físicas y fisiológicas.

Se incluyen en este grupo aquellos sueños extraños de ansiedad y angustia, pesadillas tremendas y sin explicación, que suelen deberse a causas físicas u orgánicas, como defectuosas posiciones en el dormir, cenas copiosas antes de irse a la cama, dificultades respiratorias, disfunciones intestinales, etcétera. También originan este tipo de sueños, los excitantes de todas clases (café, alcohol, tabaco y bebidas refrescantes a base de cafeína, y espectáculos violentos o terroríficos), los medicamentos, las necesidades fisiológicas (orinar, excretar) y las enfermedades que se relacionan con alteraciones del sistema neurovegetativo, lesiones cerebrales, esquizofrenia, afecciones cardiovasculares, etc.

2 Sueños de naturaleza profética, premonitoria o clarividente.

En este grupo se encuadran aquellos sueños que avisan de accidentes, desastres, calamidades, etc.,

4

La interpretación de los sueños

o, simplemente, son visiones oníricas de cosas que han de suceder tal como se sueñan o que también obedecen a claves simbólicas. (…)

3 Sueños psicológicos o psicoanalíticos.

Son los sueños que reflejan las expresiones simbólicas de la mente inconsciente. Muestran conflictos internos o externos del soñador, como problemas sexuales o afectivos, tensiones familiares o de trabajo, angustias por la situación del negocio, etc. Son sueños cuyo sentido puede descifrarse por medio del psicoanálisis o por la interpretación de sus símbolos, y que muchas veces denuncian neurosis, fobias y complejos (pasajeros o no) del soñador.

4 Sueños de viajes extraños o de proyección astral.

Son los sueños en que el afectado parece viajar en espíritu o corpóreamente a lugares lejanos y extraños, incluso a países ignotos, con conocidos o con personas que no conoce. Comprende este grupo los viajes de proyección astral y los viajes aún no comprendidos o explicados del inconsciente.

5 Sueños de mezcla o mixtos.

Son aquellos sueños larguísimos e incomprensibles en que se barajan o suceden en cadena los sueños

Podemos soñar con lugares fantásticos donde nunca hemos estado.

de diversos tipos, mezclándose lo real con lo más fantasioso.

Como vemos, el mundo de los sueños del ser humano es tan complejo como su vida en estado de vigilia. Y ambos están estrechamente vinculados por extraños canales sensibles que utilizan la pantalla del cerebro para expresarse, aunque sea por medio del lenguaje de los símbolos que la mayoría de la gente desconoce, por lo que puede decirse que la incomunicación con el mundo empieza en nosotros mismos.

Párrafos no consecutivos extraídos de: 'El libro de oro de los sueños. Cómo interpretarlos' de Francisco Caudet Yarza. M.E. Editores 1999.

Actividad 1 •

Comprensión de palabras clave (i)

El objetivo de la primera lectura del texto será entender las palabras clave a medida que lea el texto. Una las palabras de la columna de la izquierda con su definición en la columna de la derecha. Intente adivinar el significado de las palabras por el contexto.

palabras clave	definiciones
1 adivinar *"el hombre intentó adivinar su futuro"*	a) arte de la adivinación de los sueños
2 pesadilla *"a través de los sueños y pesadillas"*	b) adivinatorio, que prevee el futuro
3 oniromancia *"nos demuestran que la oniromancia ..."*	c) presagiar, predecir el futuro
4 onírico *"del material onírico"*	d) nerviosismo agudo, ansiedad
5 razonamiento *"quién sabe qué razonamiento"*	e) sueño negativo, a veces trágico
6 liberarse de *"puede ayudar a liberarse de ellos"*	f) miedo, temor irracional
7 cardiovascular *"afecciones cardiovasculares"*	g) sucesos terribles, desgracias
8 premonitorio *"sueños de naturaleza profética, premonitoria"*	h) de los sueños o relacionado con ellos
9 encuadrarse *"en este grupo se encuadran"*	i) tiempo durante el cual la persona está despierta, no dormida
10 calamidades *"accidentes, desastres, calamidades"*	j) del corazón y circulación de la sangre
11 descifrar *"cuyo sentido puede descifrarse"*	k) desvelar lo oscuro, oculto.
12 neurosis *"muchas veces denuncian neurosis"*	l) explicación, argumentación.
13 fobia *"neurosis, fobias y complejos"*	m) localizarse, estar situado en una categoría o lugar determinado
14 ignoto *"incluso a países ignotos"*	n) extranjero, desconocido
15 vigilia *"en estado de vigilia"*	o) eximirse de una obligación o carga.

4

La interpretación de los sueños

Actividad 2 •

Comprensión de expresiones clave (ii)

Encuentre en el texto las palabras en español que tienen el mismo significado que las siguientes en inglés. Escriba las palabras en las casillas correspondientes. Escriba las palabras en las casillas correspondientes.

expresión en el texto	expresión en inglés
	ancient times, antiquity
	arrival, advent
	overwhelmed
	arbitrary
	strange
	to urinate
	to defecate
	emotional
	pattern

Actividad 3 •

Comprensión de expresiones

En el texto aparecen ciertas expresiones que le será muy útil saber utilizar correctamente. A continuación tiene la lista de expresiones que deberá colocar en la frase correspondiente. Sólo debe utilizar una vez cada expresión.

desde la más remota antigüedad	**en su conjunto**
a través de	**ligados por**
paso de gigante	**tal como**
hacer hincapié en	**cenas copiosas**

1 A mí no me gusta comer _____ porque luego duermo mal.

2 Este barrio de la ciudad me encanta, todas sus partes me parecen atractivas, _____, es mi lugar ideal para vivir.

3 La llegada del primer astronauta a La Luna supuso un _____ para la humanidad.

4 El arte ha formado parte de la cultura de los diferentes grupos humanos _____.

5 Yo simplemente te estoy repitiendo la información _____ se dijo en la rueda de prensa.

6 Nuestro jefe siempre quiere _____ el control de los gastos de la oficina.

7 El gobierno expresó su desacuerdo _____ un comunicado de prensa.

8 El padre de Miguel es mi tío, por lo tanto estamos _____ lazos familiares.

Actividad 4 •••

Comprensión de texto (i)

Después de una primera lectura del texto, diga si las siguientes afirmaciones son verdaderas o falsas de acuerdo con el texto. Corrija las que sean falsas.

	V	F
1 La explicación de los sueños no es un tema que haya preocupado demasiado a la humanidad.	☐	☐
2 El desarrollo de las ciencias relacionadas con la salud mental (psicología, psiquiatría) ha ayudado mucho a entender los sueños.	☐	☐
3 Lo que soñamos no tiene mucha relación con nuestra vida real.	☐	☐
4 Los sueños son una mezcla desordenada de símbolos e imágenes.	☐	☐
5 Los sueños se pueden clasificar de muchas maneras.	☐	☐
6 Las pesadillas angustiosas muchas veces suceden por causas físicas.	☐	☐
7 La interpretación de algunos sueños suele reflejar problemas de la vida del soñador.	☐	☐

Actividad 5 ••••••••••••••••••••••••••••••••••••••

Comprensión de texto (ii)

Después de una lectura más detenida del texto conteste en español a las siguientes preguntas. Intente utilizar sus propias palabras en lugar de las del texto.

1 ¿Cómo sabemos que la adivinación de los sueños ha preocupado a la humanidad desde la antigüedad?

2 ¿Sabemos hoy en día analizar el significado de todos los sueños?

3 ¿Por qué creen los psicólogos que es importante analizar los sueños?

4 ¿Por qué dice el texto que el padre del soñador puede estar representado en un sueño por un rey o un maestro?

5 ¿Qué tipo de sustancias pueden provocar sueños extraños y angustiosos?

6 ¿Qué son los sueños premonitorios?

7 ¿Podemos soñar con lugares, personas y objetos que no conocemos?

8 ¿Qué es más complicado nuestros sueños o nuestra vida real?

Actividad 6 •••••••••••••••••••••••••••••••••••

Práctica y ampliación de vocabulario

A continuación tiene un pequeño texto que trata del mismo tema que el texto principal: los sueños. En el texto hay marcadas varias palabras cuyas letras han sido mezcladas. Intente adivinar la palabra correcta.

"La psicología <u>dermona</u> nos aporta una explicación para el <u>femenonó</u> de los sueños <u>prenitomorios</u>: la atemporalidad de los sueños. Los sueños <u>on</u> se rigen por las <u>yesle</u> físicas del <u>poemti</u> puesto que los sueños suceden internamente en el <u>brocere</u>. Esta atemporalidad provoca, a veces, la falta de <u>croníasin</u> entre lo que soñamos y lo que <u>vimosvi</u>. Por otra parte, el acto de <u>ñarso</u> cumple funciones de ordenación y entendimiento de los <u>soscesu</u> de nuestra vida <u>alre</u>; así es posible soñar con las consecuencias lógicas de ciertos sucesos reales, y estas consecuencias soñadas podrían suceder en la realidad futura."

(Texto de Jacinto Casas Araujo, Psicólogo de la Xunta de Galicia)

4

La interpretación de los sueños

Observaciones lingüísticas

Relationships between tenses

Very often when we narrate events in our lives (or other people's lives) we need to use different tenses to refer to the *time* when those events happened, are happening or will happen. The main text in this unit, which discusses dreams and their interpretation, provides a context in which several types of events are described, each of which requires the use of different tenses. Study the following examples:

Indefinido + indefinido (the actions described by the verbs occur consecutively)

*"Ayer **tuve** una pesadilla horrible y después ya no **pude** dormir más."*

Yesterday I had a terrible nightmare and afterwards I couldn't get back to sleep.

Imperfecto + indefinido (a continuous action is stopped or interrupted by a sudden one)

*"A las 7 de la mañana **estaba** en medio de una pesadilla cuando, por suerte, **sonó** el despertador."*

At 7 in the morning I was in the middle of a nightmare when, fortunately, the alarm clock went off.

Imperfecto + imperfecto (description in the past)

*"En la antigüedad la oniromancia **era** una actividad que se **practicaba** habitualmente."*

In ancient times oneiromancy **was** regularly practised.

Indefinido + futuro/condicional (reporting statements about the future)

*"Ayer **soñé** que pronto **viajaré/viajaría** a otro país."*

Yesterday I **dreamt** that I **will/would** soon **travel** to another country.

Pretérito indefinido

Remember that regular verbs form this tense as follows:

	-AR	-ER	-IR
yo	cant**é**	com**í**	part**í**
tú	cant**aste**	com**iste**	part**iste**
él/ella/Usted	cant**ó**	com**ió**	part**ió**
nosotros	cant**amos**	com**imos**	part**imos**
vosotros	cant**asteis**	com**isteis**	part**isteis**
ellos/ellas/Ustedes	cant**aron**	com**ieron**	part**ieron**
I	*sang*	*ate*	*broke*

Condicional simple

Remember that regular verbs form this tense as follows:

	-AR	-ER	-IR
yo	cant**aría**	com**ería**	part**iría**
tú	cant**arías**	com**erías**	part**irías**
él/ella/Usted	cant**aría**	com**ería**	part**iría**
nosotros	cant**aríamos**	com**eríamos**	part**iríamos**
vosotros	cant**aríais**	com**eríais**	part**iríais**
ellos/ellas/Ustedes	cant**arían**	com**erían**	part**irían**
I	*would sing*	*would eat*	*would break*

Futuro

Remember that regular verbs form this tense as follows:

	-AR	**-ER**	**-IR**
yo	cant**aré**	com**eré**	part**iré**
tú	cant**arás**	com**erás**	part**irás**
él/ella/Usted	cant**ará**	com**erá**	part**irá**
nosotros	cant**aremos**	com**eremos**	part**iremos**
vosotros	cant**aréis**	com**eréis**	part**iréis**
ellos/ellas/Ustedes	cant**arán**	com**erán**	part**irán**
I	*will sing*	*will eat*	*will break*

NOTE FOR TEACHERS: For a more detailed explanation about how these tenses (Pretérito Indefinido, Pretérito Imperfecto) are used, see the 'Observaciones lingüísticas' in Unit 6 *La Enseñanza*.

Actividad 7 ●

Redacción

En las 'Observaciones lingüísticas' hemos visto cómo se coordinan los tiempos verbales en español para contar sucesos que comenzaron en el pasado y que pueden extenderse al presente y/o futuro. Ahora va a redactar dos textos.

1 El primero, de unas 100 palabras, debe ser una narración (real o no) de un sueño premonitorio que usted haya tenido. Recuerde aplicar correctamente la correlación verbal explicada en las observaciones lingüísticas.

2 El segundo, de unas 100 palabras, debe ser un resumen de por qué es bueno que entendamos el significado de nuestros sueños. Utilice sus propias palabras y expresiones.

Actividad 8 ●

Debate: ¡Vaya sueño!

Dependiendo del número de estudiantes de la clase está actividad se puede realizar en varios grupos.

A cada grupo se le entregará una ficha con los rasgos generales de un sueño colectivo que tuvieron la semana pasada. Los miembros del grupo deberán desarrollar los detalles del sueño usando la imaginación. Una vez que todos los grupos hayan terminado los diferentes sueños se pondrán en común y la clase votará qué sueño ha sido el más imaginativo.

A continuación se presentan tres fichas de sueños:

1 **El grupo viajero** En este sueño los miembros sueñan estar de viaje. Utilizan muchos medios de transporte diferentes. Terminan llegando a un lugar que no conocen. Cuando se despiertan se dan cuenta de que están en clase.

2 **El grupo profético** En este sueño los miembros se habían quedado dormidos encima del teclado del ordenador. Sueñan con el futuro y ven muchos avances tecnológicos. También se ven a sí mismos de adultos.

3 **El grupo aventurero** En este sueño los miembros se quedaron dormidos en el sofá leyendo una novela policíaca. Sueñan con ser ladrones y planean el robo de las joyas de la corona de la Torre de Londres. Casi tienen éxito, su plan es muy minucioso.

4

Correcciones y explicaciones

Actividad 1

palabras clave	definiciones
1 adivinar *"el hombre intentó adivinar su futuro"*	c) presagiar, predecir el futuro
2 pesadilla *"a través de los sueños y pesadillas"*	e) sueño negativo, a veces trágico
3 oniromancia *"nos demuestran que la oniromancia"*	a) arte de la adivinación de los sueños
4 onírico *"del material onírico"*	h) de los sueños o relacionado con ellos
5 razonamiento *"quién sabe qué razonamiento"*	l) explicación, argumentación
6 liberarse de *"puede ayudar a liberarse de ellos"*	o) eximirse de una obligación o carga.
7 cardiovascular "afecciones cardiovasculares"	j) del corazón y circulación de la sangre
8 premonitorio *"sueños de naturaleza profética, premonitoria"*	b) adivinatorio, que prevee el futuro
9 encuadrarse *"en este grupo se encuadran"*	m) localizarse, estar situado en una categoría o lugar determinado
10 calamidades *"accidentes, desastres, calamidades"*	g) sucesos terribles, desgracias
11 descifrar *"cuyo sentido puede descifrarse"*	k) desvelar lo oscuro, oculto.
12 neurosis *"muchas veces denuncian neurosis"*	d) nerviosismo agudo, ansiedad
13 fobia *"neurosis, fobias y complejos"*	f) miedo, temor irracional
14 ignoto *"incluso a países ignotos"*	n) extranjero, desconocido
15 vigilia *"en estado de vigilia"*	i) tiempo durante el cual la persona está despierta, no dormida

4

Actividad 2

expresión en el texto	expresión en inglés
antigüedad *"la más remota antigüedad"*	ancient times, antiquity
advenimiento *"advenimiento de la psiquiatría"*	arrival, advent
abrumado *"a los pacientes abrumados"*	overwhelmed
arbitrario *"no son mezclas arbitrarias"*	arbitrary
extraño *"sueños extraños de ansiedad"*	strange
orinar *"(orinar, excretar)"*	to urinate
excretar *"(orinar, excretar)"*	to defecate
afectivo *"sexuales o afectivos"*	emotional
pauta *"normas y unas pautas"*	pattern

Actividad 3

1 A mí no me gusta comer **cenas copiosas** porque luego duermo mal.

2 Este barrio de la ciudad me encanta, todas sus partes me parecen atractivas, **en su conjunto,** es mi lugar ideal para vivir.

3 La llegada del primer astronauta a La Luna supuso un **paso de gigante** para la humanidad.

4 El arte ha formado parte de la cultura de los diferentes grupos humanos **desde la más remota antigüedad**.

5 Yo simplemente te estoy repitiendo la información **tal como** se dijo en la rueda de prensa.

6 Nuestro jefe siempre quiere **hacer hincapié en** el control de los gastos de la oficina.

7 El gobierno expresó su desacuerdo **a través de** un comunicado de prensa.

8 El padre de Miguel es mi tío, por lo tanto estamos **ligados por** lazos familiares.

Actividad 4

1 Falso.

"La explicación de los sueños es un tema que ha preocupado a la humanidad desde la más remota antigüedad." (Para 1)

2 Verdadero. (Para 2)

3 Falso.

"Durante el sueño se realizan muchos deseos y se solucionan muchos problemas." (Para 3)

4 Falso.

"Los símbolos que aparecen en los sueños no son una mezcla arbitraria; siguen unas normas y pautas." (Para 4)

5 Verdadero. (Para 5)

6 Verdadero. (Para 6)

7 Verdadero. (Para 8)

4

Actividad 5

Here are our suggested answers. The wording of your answers may be slightly different, but check that the overall meaning is the same.

1 En primer lugar la palabra *oniromancia* proviene del griego, además hay datos históricos que revelan que la adivinación de los sueños era practicada por diversas civilizaciones en la antigüedad (Mesopotamia, Egipto, Grecia, Roma, etc.). (Para 1)

2 No. Los avances de la psicología han ayudado mucho a entender los sueños, pero todavía existen muchas preguntas sin resolver en este campo. (Para 2)

3 Los psicólogos sostienen que la explicación de los sueños puede ayudar al soñador a reconocer problemas personales y a solucionarlos posteriormente. (Para 3)

4 La simbología de los sueños sigue unas normas lógicas (paralelismo simbólico), por lo tanto la figura del padre es muy probable que aparezca representada por una figura de las mismas características: más edad, situación de poder, fuente de sabiduría, etc. (Para 4)

5 Sustancias de carácter excitante como la cafeína, el alcohol, el tabaco y algunas medicinas. (Para 6)

6 Son sueños que predicen el futuro, visiones de cómo van a suceder ciertos acontecimientos o qué acontecimientos van a suceder. (Para 7)

7 Sí. En los sueños se mezcla lo real con lo ficticio. Podemos soñar con lugares, personas y objetos desconocidos. La imaginación forma una parte importante de los sueños. (Para 9)

8 La opinión general es que nuestros sueños son tan complicados como nuestra vida porque los sueños están relacionados y son un reflejo de nuestra vida real. (Para 11)

Actividad 6

"La psicología **moderna** nos aporta una explicación para el **fenómeno** de los sueños **premonitorios**: la atemporalidad de los sueños. Los sueños **no** se rigen por las **leyes** físicas del **tiempo** puesto que los sueños suceden internamente en el **cerebro**. Esta atemporalidad provoca, a veces, la falta de **sincronía** entre lo que soñamos y lo que **vivimos**. Por otra parte, el acto de **soñar** cumple funciones de ordenación y entendimiento de los **sucesos** de nuestra vida **real**; así es posible soñar con las consecuencias lógicas de ciertos sucesos reales, y estas consecuencias soñadas podrían suceder en la realidad futura."

Actividad 7

Here is a sample essay. No doubt your own composition will be quite different. Read this one carefully and make a note of any useful phrases that would have improved your own essay. Expressions from the text and from the *Observaciones lingüísticas* are shown in bold type.

Texto 1:

El año pasado **tuve** un sueño muy raro, lleno de **símbolos** y sucesos que no **entendía** muy bien. Ahora sé que fue un sueño **premonitorio**, y desde entonces en mi vida han sucedido muchas cosas. Por aquel entonces yo **trabajaba** como administrativo en un banco con sede en Londres, y mi trabajo era muy aburrido. Poco después de haber tenido el sueño, mi jefe me **preguntó** si yo **estaría** interesado en trabajar en una nueva sede que el banco **iba a** abrir en Venezuela. Yo **pensé que era** una gran oportunidad para salir de la rutina en la que **me encontraba y acepté**. Y ahora, aquí me encuentro, viviendo en este paraíso venezolano y ¡todo gracias a un sueño!

Texto 2:

Los sueños **reflejan nuestra vida**, y por lo tanto son complicados. Si intentamos comprender nuestros sueños, lograremos tener una compresión mayor del mundo personal que nos rodea. Es especialmente importante contemplar nuestros sueños cuando tenemos **problemas personales,** porque en los sueños nos encontraremos con nuestros sentimientos sin **inhibiciones** y podremos, quizás, hallar **soluciones a nuestros problemas**. Además, entender nuestros sueños puede ayudarnos a entendernos mucho mejor a nosotros mismos, nuestros **deseos y sentimicntos**, así como a descubrir nuestra imaginación y fantasía en su estado más puro. Si miramos atentamente a nuestros sueños podremos descubrir **nuestra propia personalidad** un poco más.

5 Campañas antitabaquismo en el trabajo

Cada vez un mayor número de empresas convierten sus sedes en 'edificios libres de humos', de forma que los no fumadores no sufran a los fumadores y, además, éstos aumenten su productividad. Pero el proceso puede ser angustioso. 'El método Tabacout' para empresas consigue hacer más fácil para los empleados la transición entre fumador y no fumador.

Empresa no fumadora, sí gracias

Un ejemplo real. Una empresa de arquitectura en la que trabajan varios arquitectos y delineantes. Se contrata un delineante más, al que se paga por horas. Fuma, pero como no se permite fumar en el estudio, lo hace en una sala contigua, dedicando casi una hora completa de la jornada. Resultado: se le descuenta una hora de salario por su menor productividad, que es, además, un agravio comparativo para el resto del estudio.

Se calcula que un fumador de 20 cigarrillos diarios dedica, al menos, 45 minutos por día a los rituales asociados al consumo del tabaco. Esto no sólo redunda en su salud y en la de sus compañeros, que en muchas ocasiones

Los fumadores dedican unos 45 minutos al día a fumar.

protestan con razón, sino que reduce la calidad y la atención que presta a su trabajo.

Desde el punto de vista de las empresas, los empleados fumadores pueden tener costosas consecuencias en limpieza y manutención del equipo electrónico y aire acondicionado, así como en crear áreas para fumadores.

Por otro lado, cada vez las empresas cuidan más su imagen, intentando que sus sedes estén limpias de humos. A la hora de captar clientes, por ejemplo, una imagen agradable y poco contaminada es muy importante.

Ayuda médica

Conseguirla no es tarea fácil. Para empezar, según el último informe del *British Medical Journal*, es fundamental contar con apoyo especializado. Por esta razón, muchas empresas están contratando terapias antitabaquismo para sus empleados. Una de ellas es *Tabacout*, cuya experiencia demuestra que un 82 por ciento de los participantes abandona definitivamente el hábito de fumar. Una cifra muy superior a la del ocho por ciento que consigue dejar de fumar a pelo, sin ayuda especializada, pasándolo muy mal no sólo él mismo, sino su entorno laboral y familiar.

Lo que consigue este método, fundamentalmente, es que el tránsito entre fumador y no fumador sea más fácil, sin angustias. El programa de *Tabacout* se lleva a cabo en la propia empresa, durante cuatro horas, y sigue dos líneas de actuación paralelas: por vía médica y mediante una terapia de grupo.

Cuatro fases

El método se desarrolla en cuatro fases. En primer lugar, se realizan unas pruebas para evaluar el grado de adicción del paciente, con las que se puede predecir también el síndrome de abstinencia que sufrirá cuando deje de fumar.

5

Campañas antitabaquismo en el trabajo

La nicotina contenida en el tabaco provoca adicción.

Según los resultados individualizados, se aplican durante tres semanas una serie de tratamientos sustitutivos que van desde parches a suaves ansiolíticos, para que el paciente no sufra el mono del tabaco. Toda la medicación se entrega desde el primer día, para que la persona se la tome durante los 21 días que se tarda en eliminar toda la nicotina del cuerpo.

Como explican en *Tabacout*, en este aspecto las mujeres son más constantes, siguen con la medicación aunque se encuentren bien. Sin embargo, los hombres, si a los diez días no tienen ansiedad, dejan de tomarlos, con lo que se puede recaer.

La segunda fase es una terapia de grupo, con ocho o diez personas como máximo, dirigida por un médico y un psicólogo. En ella enseñan al paciente a reconocer las circunstancias que le llevan a fumar, como el coche, un café o el teléfono. Para contrarrestarlas, se dan a conocer una serie de habilidades sobre qué hacer. Por ejemplo, es bueno tomar mucho líquido, especialmente zumo de naranja. Además, se enseñan técnicas de relajación, como la respiración diafragmática, y también cómo no aumentar de peso, una de las razones a las que se agarran muchos fumadores para no dejarlo.

Buen ambiente

Aunque en principio no le seduzca la idea de la terapia de grupo, se sorprenderá del buen ambiente que se establece entre los que tienen el objetivo común de dejar el cigarrillo. A ello contribuye que es un método alegre, donde no le contarán desgracias referentes al cáncer de pulmón, sino que demuestran continuamente las ventajas de estar sin tabaco.

Sin ir más lejos, a las dos horas de dejar fumar, el nivel de nicotina en la sangre disminuye a niveles indetectables. A las seis horas, la velocidad de los latidos del corazón comienza a normalizarse. Suma y sigue.

Ánimo

En este sentido se recomienda, por ejemplo, que el dinero que se ahorra cada semana, se lo gaste en darse un capricho que le anime, un disco compacto sin ir más lejos.

En la tercera fase de la terapia se realiza un seguimiento personalizado, para conocer los problemas de cada uno. Se dispone de atención telefónica o en la propia consulta de los médicos, a cualquier hora.

Por último, en un plazo de hasta tres meses, se da de alta al paciente, aunque suele ser al mes.

El precio del programa *Tabacout* es de 525.000 pesetas para un grupo máximo de diez personas, incluyendo la medicación y garantía de repetición si la persona no lo consigue.

Según su propia filosofía, es la empresa quien se encarga del pago del programa para sus empleados. Otras empresas, sin embargo, creen que es un incentivo más para dejar de fumar el que lo pague el propio empleado de su bolsillo, devolviéndosele en algún tipo de bonificación. Además la inversión en la terapia es deducible por aplicación del programa de seguridad e higiene laboral.

Expansión del inversor nº 4.093 (pág.34) 22 de enero del 2000

Actividad 1 •

Comprensión de palabras clave (i)

El objetivo de la primera lectura del texto será entender las palabras clave del texto. Las palabras y expresiones que hay en la tabla siguiente son sinónimos y definiciones de las palabras más importantes del artículo. Intente encontrar en el texto las palabras a las que se refieren los sinónimos y definiciones. Escriba las palabras en las casillas correspondientes.

palabra en el texto	sinónimo/definición
Sede	*Domicilio social de una empresa. Edificio principal.*
	Persona que tiene el hábito de fumar.
	Diseñador de planos. Es una profesión relacionada con la arquitectura.
	Mantenimiento.
	Que combate la adicción a fumar.
	Persona que se somete a tratamiento médico.
	Afrontar, resistir.
	Hechos tristes, penosos.
	Sonido producido por el movimiento del corazón.
	Antojo. Regalo para sí mismo no fundado en lo lógico o razonable.
	Aumento de sueldo.

Actividad 2 •

Comprensión de palabras clave (ii)

Un buen artículo periodístico utiliza expresiones sinónimas para no repetir las mismas palabras. Una las siguientes expresiones del texto con su sinónimo correspondiente.

expresión en el texto	sinónimo
1. Limpia de humos	a) Mono del tabaco
2. A pelo	b) Poco contaminada
3. Síndrome de abstinencia	c) Ansiedad
4. Angustia	d) Sin ayuda

Actividad 3 ● ● ● ● ● ● ● ● ● ● ● ● ●

Comprensión de texto

Lea el texto para una comprensión general y complete las frases con la opción adecuada.

1 El método *Tabacout*

   a) es para que los trabajadores no fumen en la oficina.

   b) ayuda a dejar de fumar.

   c) no ayuda a dejar de fumar.

2 Según el artículo los trabajadores que fuman

   a) no pierden tiempo en el trabajo.

   b) sí pierden tiempo, pero es muy poco

   c) dedican casi una hora diaria a fumar.

3 Para las empresas

   a) es importante que sus trabajadores fumen.

   b) es importante que no haya humo en las oficinas.

   c) el tabaco no es un problema.

4 Dejar de fumar sin ayuda especializada es

   a) muy difícil.

   b) muy fácil.

   c) un problema para las empresas.

5 El método *Tabacout* se desarrolla en

   a) tres etapas.

   b) cinco etapas.

   c) cuatro etapas.

6 El síndrome de abstinencia es

   a) un estado de ansiedad.

   b) una enfermedad provocada por el tabaco.

   c) una de las fases del método *Tabacout*.

7 Según el artículo, las mujeres

   a) son menos constantes que los hombres a la hora de tomar medicamentos.

   b) tienen menos síndrome de abstinencia que los hombres.

   c) siguen la medicación más rigurosamente que los hombres.

8 El método *Tabacout*

   a) es un método negativo.

   b) trata de que los fumadores se sientan culpables.

   c) es un método positivo.

Actividad 4 ●

¿Verdadero o falso?

Lea las siguientes frases e indique con un (✓) si son verdaderas o falsas de acuerdo con el texto. Corrija las que sean falsas.

	V	F
1 A las empresas no les afecta económicamente que los trabajadores fumen.	☐	☐
2 El tabaco no ensucia las sedes de las empresas.	☐	☐
3 Dejar de fumar es muy difícil y se necesita ayuda especializada.	☐	☐
4 El síndrome de abstinencia aparece cuando se fuma demasiado.	☐	☐
5 La nicotina es una sustancia que se encuentra en el tabaco para potenciar su sabor.	☐	☐
6 La terapia de grupo ayuda a los fumadores a no volver a fumar.	☐	☐
7 En la terapia de grupo es importante que el fumador se encuentre a gusto y se evite crear un ambiente negativo.	☐	☐
8 El corazón late más deprisa cuando no se fuma.	☐	☐
9 Dejar de fumar permite gastar el dinero ahorrado en otras aficiones.	☐	☐
10 Las empresas no dan bonificaciones a los trabajadores que dejan de fumar.	☐	☐

Campañas antitabaquismo en el trabajo

5

5

Actividad 5 ●●●

Comprensión de texto

Responda a las siguientes preguntas en español. Responda de acuerdo con el texto y con frases completas.

1 ¿Por qué son los empleados que fuman costosos para las empresas?

2 ¿Por qué es negativo para la imagen de una empresa que sus empleados fumen?

3 ¿Tiene éxito el método *Tabacout* para dejar de fumar?

4 ¿Cuál es el objetivo de la terapia de grupo?

5 ¿Qué se recomienda hacer a los exfumadores con el dinero que se ahorran en no comprar tabaco?

Actividad 6 ●●●

Práctica y ampliación de vocabulario

A continuación tiene dos pequeños textos que tratan sobre el mismo tema que el artículo principal: la adicción al tabaco.

1 En el primer texto hay varias palabras cuyas letras han sido mezcladas. Intente adivinar la palabra correcta.

"La adicción a la <u>tinaconi</u> produce síntomas de <u>tiabscianen</u> cuando una persona trata de dejar de <u>marfu</u>. Por ejemplo, un estudio encontró que cuando se privaba de <u>rrigallosci</u> durante 24 horas a fumadores <u>tuahabiles</u>, aumentaba su enojo, hostilidad y <u>sióngrea</u>, y disminuía su aptitud de cooperación social."*

2 En este segundo texto hay espacios vacíos. Tiene que adivinar las palabras de acuerdo con su definición. Las dos primeras letras de cada palabra aparecen escritas como ayuda.

(i)   indagación, exploración. (13 letras)

(ii) costumbre personal que se repite regularmente. (6 letras)

(iii) progresivo; sucede de manera escalonada. (7 letras)

(iv) ansiedad provocada por la falta de algo habitual. (11 letras)

(v)   cifra, porcentaje. (4 letras)

"La (i) **in**_____ realizada indica que el abandono del (ii) **há**___ ____ de fumar

debe ser un proceso (iii) **gr**_____ porque los síntomas de (iv) **ab**_____ son

menos graves en quienes lo hacen poco a poco que en quienes dejan de fumar de repente.

La (v) **ta**_____ de recaída es mayor en las primeras semanas y los primeros meses y

se reduce mucho al cabo de 3 meses."

(Textos extraídos de <u>http://www.saludlatina.com/drogas/tabaco.asp</u>)

Observaciones lingüísticas (i)

Discourse connectors

The article *'Empresa no fumadora, sí gracias'* describes a process - in this case, the methods used to encourage individuals to stop smoking. The description of this process begins after the sub-heading "Cuatro fases":

> *"El método se desarrolla en cuatro fases. En primer lugar, se realizan unas pruebas para …"*

> The treatment takes place in four stages. First, some tests are carried out in order to …

When you describe a process in Spanish, you can use discourse connectors to present the information in a logical sequence and link the different steps or stages.

Connectors that indicate order or sequence	
para empezar	first of all
en primer / segundo / tercer lugar first(ly)/second(ly)/third(ly)	in the first/second/third instance;
la primera / segunda / tercera fase	the first/second/third phase
por último	finally
Connectors used to add an idea	
además	besides/furthermore/moreover/
también	also,and so on
suma y sigue	also
igualmente	equally
asimismo	likewise
aparte de	apart from
Connectors used to give an example	
por ejemplo	for example
sin ir más lejos	to take an obvious example
tomemos un caso concreto	let's take an actual instance

ADVANCE MATERIALS © 2000

Campañas antitabaquismo en el trabajo

5

Actividad 7

Uso de conectores

En en siguiente texto se han extraído los conectores utilizados. Usted tendrá que escribir los conectores adecuados para cada caso.

Yo me he propuesto dejar de fumar y para ello voy a seguir un plan estricto. _____, voy a retirar de mi casa todos los cigarrillos, ceniceros, y cualquier otro objeto relacionado con el tabaco. _____, voy a intentar tener siempre algo que hacer después de comer, puesto que yo siempre fumo después de comer y debo evitar la tentación. _____ voy a modificar mis hábitos, _____ voy a beber menos café (cuyo sabor me recuerda al tabaco) y lo voy a reemplazar por té. _____, voy a pedir a mis amigos que no me ofrezcan tabaco ni siquiera cuando se lo pida. _____, voy a pedirle a mi médico que me dé algún medicamento que me ayude a superar la adicción a la nicotina.

Observaciones lingüísticas (ii)

Structuring arguments

The article is a good example of how to structure an argument. It examines the subject of tobacco addiction and, in particular, how it affects people at work and what can be done to help smokers to give up the habit. First, the writer introduces the problem. S/he then suggests a possible solution, the *Tabacout* method, and explains how it works. The four stages of the treatment are described, and, finally, the author explains how much it all costs and who foots the bill.

When you construct an argument you need to develop the main ideas and put them together in a logical sequence to build up the main points in your argument. The author of this text has used four sub-headings: *Ayuda médica, Cuatro fases, Buen ambiente* and *Ánimo*. These structure the argument so that the reader can follow it more easily.

Actividad 8

Los subtítulos

En el texto aparecen cuatro subtítulos. Lea el texto de nuevo e intente sustituir los subtítulos por otros en español que también sean adecuados, de acuerdo con lo que ha aprendido en las observaciones lingüísticas.

1 Ayuda médica _____

2 Cuatro fases _____

3 Buen ambiente _____

4 Ánimo _____

Actividad 9

Redacción/Resumen

En las observaciones lingüísticas hemos visto que el presente artículo es un buen ejemplo de cómo utilizar conectores para describir un proceso y plantear un argumento. En este ejercicio va a resumir el artículo. Utilizando las estructuras y vocabulario vistos en las observaciones lingüísticas y sus propias palabras intente resumir el texto en unas 200 palabras. Recuerde incluir las ideas principales del texto en un orden lógico.

5

Campañas antitabaquismo en el trabajo

Actividad 10

Debate: Los derechos del fumador

Esta actividad se puede realizar en 2 ó 4 grupos dependiendo del número de estudiantes de la clase.

1) Dos grupos

Grupo A: fumadores   Grupo B: no fumadores

El grupo A escribe una lista de los derechos que los fumadores deberían tener y enumera las razones de por qué deberían respetarse estos derechos.

El grupo B elabora una lista con las consecuencias negativas que el tabaco tiene para quienes no fuman.

Una vez terminadas las listas, los dos grupos comienzan un debate donde exponen sus opiniones y tratan de llegar a un acuerdo sobre los derechos de los fumadores y los no fumadores.

2) Cuatro grupos

Grupo A: fumadores   Grupo B: no fumadores

Grupo C: fabricantes de tabaco   Grupo D: representantes de salud pública

Los grupos A y B actúan tal y como se describe en la opción (1).

El grupo C busca razones para defender la venta del tabaco.

El grupo D hace una lista con sugerencias de cómo el grupo C debería contribuir a los gastos médicos provocados por el abuso del tabaco.

Cuando todos los grupos estan preparados comienza un debate en el que los cuatro grupos exponen sus opiniones y tratan de llegar a un acuerdo sobre cómo solucionar dos problemas fundamentales:

(i) los derechos de los fumadores y no fumadores

(ii) los gastos médicos provocados por el abuso del tabaco

Correcciones y explicaciones

Actividad 1

palabra en el texto	sinónimo/definición
Fumador *"transición entre fumador y no fumador"*	Persona que tiene el hábito de fumar.
Delineante *"contrata un delineante más"*	Diseñador de planos. Es una profesión relacionada con la arquitectura.
Manutención *"limpieza y manutención"*	Mantenimiento.
Antitabaquismo *"terapias antitabaquismo"*	Que combate la adicción a fumar.
Paciente *"adicción del paciente"*	Persona que se somete a tratamiento médico.
Contrarrestar *"para contrarrestarlas, se dan"*	Afrontar, resistir.
Desgracias *"desgracias referentes al cáncer"*	Hechos tristes, penosos.
Latido *"velocidad de los latidos del corazón"*	Sonido producido por el movimiento del corazón.
Capricho *"un capricho que le animé"*	Antojo. Regalo para sí mismo no fundado en lo lógico o razonable.
Bonificación *"algún tipo de bonificación"*	Aumento de sueldo.

Actividad 2

expresión en el texto	sinónimo
1 Limpia de humos	b) Poco contaminada
2 A pelo	d) Sin ayuda
3 Síndrome de abstinencia	a) Mono del tabaco
4 Angustia	c) Ansiedad

Actividad 3

1 b: El método *Tabacout* ayuda a dejar de fumar. (Paras 1, 5 and 6).

2 c: Según el artículo los trabajadores que fuman dedican casi una hora diaria a fumar. (Para 3).

3 b: Para las empresas es importante que no haya humo en las oficinas. (Para 4).

4 a: Dejar de fumar sin ayuda especializada es muy difícil. (Para 5).

5 c: El método "Tabacout" se desarrolla en cuatro etapas. (Para 7.

6 a: El síndrome de abstinencia es un estado de ansiedad. (Paras 7 and 8).

7 c: Según el artículo las mujeres siguen la medicación más rigurosamente que los hombres. (Para 9).

8 c: El método "Tabacout" es un método positivo. (Para 11).

Actividad 4

Here are the answers, together with some suggestions as to how the false statements might be corrected. You may have worded your answers differently, but make sure that the overall meaning is the same.

1 Falso.

Para 3: *"Los empleados fumadores provocan muchos gastos extra a las empresas."*

2 Falso.

Para 3: *"El humo del tabaco ensucia los equipos electrónicos y los sistemas de aire acondicionado."*

3 Verdadero. (Para 5)

4 Falso.

Para 7: *"El síndrome de abstinencia aparece cuando se deja de fumar."* (7th paragraph)

5 Falso.

Para 8: *"La nicotina es una sustancia que provoca adicción al tabaco."*

6 Verdadero. (Para 10)

7 Verdadero. (Para 11)

8 Falso

Para 12: *"Los latidos del corazón comienzan a normalizarse unas 6 horas después de dejar de fumar."*

9 Verdadero. (Para 13)

10 Falso

Last para: *"Las empresas suelen financiar los programas para que los trabajadores dejen de fumar o bien compensar los gastos de los trabajadores mediante bonificaciones."*

Actividad 5

Here are our suggested answers. Yours may be expressed differently, but make sure that the overall meaning is the same.

1 Los empleados que fuman son costosos para las empresas por los costes de limpieza y manutención de equipos y aire acondicionado, y también por la necesidad de crear áreas para fumadores. (Para 3)

2 Las empresas prefieren que sus empleados no fumen porque los edificios donde no se fuma dan una imagen agradable y limpia que gustará a los clientes que los visiten. (Para 4)

3 El método *Tabacout* tiene mucho éxito, un 82 por ciento de sus participantes abandonan el tabaco definitivamente. (Para 5)

4 El objetivo de la terapia de grupo es enseñar al paciente a reconocer y combatir las circunstancias que le llevan a fumar. (Para 10)

5 A los exfumadores se les recomienda comprarse caprichos que les animen con el dinero que ahorran en no comprar tabaco. (Para 13)

Actividad 6 •

Primer texto:

"La adicción a la **nicotina** produce síntomas de **abstinencia** cuando una persona trata de dejar de **fumar**. Por ejemplo, un estudio encontró que cuando se privaba de **cigarrillos** durante 24 horas a fumadores **habituales**, aumentaba su enojo, hostilidad y **agresión**, y disminuía su aptitud de cooperación social."*

Segundo texto:

"La **investigación** realizada indica que el abandono del **hábito** de fumar debe ser un proceso **gradual** porque los síntomas de **abstinencia** son menos graves en quienes lo hacen poco a poco que en quienes dejan de fumar de repente. La **tasa** de recaída es mayor en las primeras semanas y los primeros meses y se reduce mucho al cabo de 3 meses."

Actividad 7 •

Here are our suggested answers. You may have chosen different connectors but make sure that the meaning is the same.

Yo me he propuesto dejar de fumar y para ello voy a seguir un plan estricto. **En primer lugar,** voy a retirar de mi casa todos los cigarrillos, ceniceros, y cualquier otro objeto relacionado con el tabaco. **En segundo lugar,** voy a intentar tener siempre algo que hacer después de comer, puesto que yo siempre fumo después de comer y debo evitar la tentación. **También** voy a modificar mis hábitos, **sin ir más lejos** voy a beber menos café (cuyo sabor me recuerda al tabaco) y lo voy a reemplazar por té. **Además,** voy a pedir a mis amigos que no me ofrezcan tabaco ni siquiera cuando se lo pida. **Por último,** voy a pedirle a mi médico que me dé algún medicamento que me ayude a superar la adicción a la nicotina.

Actividad 8 •

Here are our suggested answers. You may have used different sub-headings but make sure that the meaning is the same.

1 Ayuda médica: Apoyo para el fumador

2 Cuatro fases: Las etapas del método

3 Buen ambiente: Terapia de grupo

4 Ánimo: Actitud positiva

Actividad 9 •

Here is a sample essay. No doubt your own composition will be quite different. Read this one carefully and make a note of any useful phrases that would have improved your own essay. Expressions from the text and from the *Observaciones lingüísticas* are shown in bold type.

El presente artículo trata del tema de la adicción al tabaco. En él se nos muestra como cada vez hay más empresas que no permiten que haya fumadores en sus **sedes** puesto que esto les supone muchos gastos extra; **además,** da una mala imagen de la empresa en los edificios en los que está permitido fumar. Por esta razón, muchas empresas contratan el método *Tabacout* para que sus empleados dejen de fumar. El método *Tabacout* tiene una tasa de éxito del 82 por ciento y se lleva a cabo en la misma empresa. El método se desarrolla en cuatro fases en las que se ofrece una atención personalizada a los fumadores, estableciendo el grado de **adicción al tabaco** en cada caso y aplicando diferentes tipos de **medicación** para ayudar al fumador durante los 21 días que la nicotina tarda en desaparecer del cuerpo. **Asimismo** se lleva a cabo una **terapia de grupo**. *Tabacout* es un método alegre que recuerda continuamente a los participantes las ventajas de no fumar. **Sin ir más lejos,** recomienda a los participantes que se compren **caprichos** que les animen con el dinero que se ahorran no comprando tabaco. El método cuesta 525.000 pesetas para un grupo de diez personas y normalmente es la empresa la que paga los costes del programa.

6 La enseñanza en el instituto

Instrucción pública

"Es en el instituto donde uno empieza a ser adulto, autónomo y responsable."

La profesora no logra quitarse el susto, pero más que el miedo a ser de nuevo agredida lo que ahora la afecta es un estado de desánimo y melancolía que le hace muy difícil reunir la dosis necesaria de voluntad y de valor para ir a su trabajo, para entrar en el aula donde sabe que un alumno va a estar mirándola con expresión de desafío, dispuesto a contarle a su padre cualquier desaire que quiera atribuirle a la profesora, cualquier indicio de maltrato o desconsideración.

Lo único que ha hecho esa mujer ha sido suspender al alumno, que repite curso y es también un mal estudiante en otras asignaturas. Un día, cuando la profesora estaba sóla en un despacho, se abrió la puerta con violencia y un individuo con ademanes y gritos de energúmeno empezó a amenazarla, intimidándola con el volumen bronco de su voz y su ruda envergadura masculina. Cerró la puerta de un golpe y apoyó la espalda en ella, como para cerrarle el paso a la profesora si intentaba escapar.

El tipo estaba indignado por el suspenso de su hijo, al que consideraba víctima de una persecución. No debía parecerle significativo que el chico hubiera tenido que repetir curso, ni que su rendimiento en las demás asignaturas fuese igual de mediocre. Como todos los violentos, se crecía con la fragilidad física del adversario, que en este caso era además una mujer. Acusó a gritos a la profesora de maltratar psicológicamente a su hijo, de mirarlo de mala manera, de hacer gestos que en apariencia eran casuales, pero que estaban dirigidos a humillar a aquella pobre víctima, a minar su confianza en sí mismo.

En un momento en el que el padre irascible se aleja un poco de la puerta, la profesora aprovecha y escapa. Tiene miedo a ser agredida, pero también a ser perjudicada profesionalmente por las acusaciones de este hombre. Pide ayuda al director, cuenta la agresión y las amenezas a sus compañeros, y aunque muchos de ellos han pasado por sustos semejantes, por chulerías y amenazas de alumnos malcriados y padres brutos y soeces, la profesora descubre que el miedo y

el instinto acobardado de apaciguamiento son más poderosos que que la simple y justa defensa de la dignidad del trabajo.

En estos tiempos, un profesor sabe que por muy alta que sea su cualificación profesional, por muy intachable que haya sido su conducta en muchos años de oficio, va a ser de antemano culpable ante los padres de los alumnos y las autoridades académicas. Hace un trabajo difícil, necesario y mal pagado, que lo agota físicamente, que requiere esfuerzo y valor, pero en el que muy pocas veces recibe ya la compensación del agredecimiento, y ni siquiera del respeto.

Los institutos de bachillerato, cuando fueron fundados por primera vez a mediados del siglo XIX, eran una cosa muy seria, los lugares no sólo de un aprendizaje solvente acerca del mundo y de las cosas, sino también de la formación de la ciudadanía. A los catorce, a los quince o dieciseis años, un buen profesor de instituto nos puede influir decisivamente en la vida, ayudándonos a descubrir quiénes somos de verdad en esta edad tan confusa. Es en el instituto donde uno empieza a ser adulto, ya sin la protección algo sofocante del espacio familiar, a disfrutar la autonomía personal y cobrar conciencia de sus responsabilidades.

Sueños anacrónicos, no ya del siglo pasado, como hasta hace poco, sino del anterior. Ahora parece que reina un peterpanismo universal en el que el instituto es la prolongación de la guardería, y en el que los padres, que no quieren ser adultos, no se preocupan mucho por la educación de los hijos, pero montan en cólera si un profesor los trata con un poco de firmeza, no sea que el niño o la niña vaya a llevarse un mal rato. No se molestan en educar, pero se enfadan si alguien intenta corregir o al menos no alargar la mala educación de sus hijos.

La profesora, mientras tanto, está pensando en pedir, una baja temporal por depresión, y rogando temerosamente que el padre ofendido no eleve su protesta a instancias más altas, o a los tribunales, según la amenazó a gritos. Quizá de ahora en adelante debería no tomarse tan en serio su trabajo, encogerse de hombros y aprobar a todo el mundo, o repartir plastilina en clase y enseñar canciones de corro, como en las guarderías.

por Antonio Muñoz Molina

Actividad 1 ••

Comprensión de palabras clave

El objetivo de la primera lectura del texto será entender las palabras clave a medida que lea el texto. Una las palabras de la columna de la izquierda con su definición en la columna de la derecha. Intente adivinar el significado de las palabras por el contexto.

palabras clave	definiciones
1 melancolía *"un estado de melancolía"*	a) movimiento o actitud del cuerpo
2 aula *"entrar en el aula donde un alumno va a estar…"*	b) humillación, desatención hacia una persona
3 desafío *"expresión de desafío"*	c) causar o infundir miedo
4 desaire *"contarle a su padre cualquier desaire"*	d) sala donde se celebran las clases en los centros docentes
5 ademán *"un individuo con gritos y ademanes de energúmeno"*	e) niños consentidos y maleducados
6 energúmeno *ídem*	f) ocasionar daño o menoscabo material o moral
7 intimidar *"intimidándola con el volumen bronco de su voz"*	g) bajo, grosero, indigno
8 perjudicar *"ser perjudicada profesionalmente"*	h) persona furiosa, alborotada
9 chulería *"chulerías y amenazas de alumnos malcriados"*	i) falta de cortesía, urbanidad, buenos modales
10 malcriados *ídem*	j) que ahoga, que impide respirar libremente
11 soeces *"padres brutos y soeces"*	k) centro de enseñanza estatal donde se imparte la enseñanza secundaria
12 instituto *"Los institutos de bachillerato"*	l) dicho o hecho jactancioso
13 sofocante *"la protección algo sofocante del espacio familiar"*	m) canciones que los niños cantan cogidos de la mano formando un círculo
14 mala educación *"la mala educación de sus hijos"*	n) tristeza sosegada y permanente
15 canciones de corro *"enseñar canciones de corro como en las guarderías"*	o) reto, provocación a combatir o luchar

La enseñanza en el instituto

6

Actividad 2 •••

Ampliación de vocabulario

Busque en la columna de la derecha una palabra con significado contrario para cada palabra de la columna de la izquierda. Las palabras de la columna de la izquierda han sido extraídas del texto. Puede buscar ayuda en su diccionario.

1 fragilidad	a) censurable
2 significativo	b) tranquilo
3 irascible	c) consideración
4 desánimo	d) suspender
5 maltrato	e) criticar
6 desconsideración	f) irrelevante
7 intachable	g) cobardía
8 valor	h) resistencia
9 halagar	i) buen trato
10 aprobar	j) ánimo

Actividad 3 ••••••••••••••••••

Comprensión de texto

Después de una lectura general del texto, elija la continuación de las siguientes frases:

1 El texto se basa en un caso en el que
   a) una profesora se ve intimidada por el padre de un alumno.
   b) una profesora maltrató psicológicamente a uno de sus estudiantes.
   c) un alumno, al no aprobar el examen, agredió a su profesor.

2 En el texto, el padre del alumno visita a la profesora para
   a) llegar a un acuerdo con ella.
   b) interesarse por las razones del suspenso de su hijo.
   c) quejarse y amenazarla.

3 La dirección y resto del profesorado
   a) apoyan a la profesora.
   b) no comprenden el problema de la profesora.
   c) comprenden el problema de la profesora pero no la apoyan.

4 La reacción de la profesora es
   a) aprobar al alumno en cuestión.
   b) retirarse temorosa y esperar que el padre no la denuncie.
   c) encararse al padre y defender su derecho a decidir las notas de sus alumnos.

5 El autor en este texto denuncia
   a) a los jóvenes mal educados y malos estudiantes.
   b) la actitud de los padres hacia la educación de sus hijos y la situación de desprotección en la que se encuentran los profesores.
   c) a los padres violentos.

Actividad 4 ••

Comprensión de texto

Después de una lectura más detenida del texto conteste en español a las siguientes preguntas. En la medida de lo posible, intente utilizar sus propias palabras en lugar de copiar las palabras del texto.

1 ¿Cómo describe el autor al padre del estudiante?

2 ¿Porqué los otros profesores y la dirección de la escuela no apoyan a la profesora?

3 ¿Cómo describe el autor el trabajo de profesor en los tiempos actuales?

4 Según el autor ¿en que ha cambiado el Instituto en el último siglo?

Observaciones lingüísticas

Imperfecto e Indefinido (o Pretérito)

In the second and third paragraphs of the text you have just read you can see how different tenses are used by the author to describe the confrontation between a teacher and the father of one of her pupils. Here are some examples, with *indefinido* on the left and *imperfecto* on the right:

"**se abrió** *la puerta*" (the door opened)   "*el tipo* **estaba** *indignado*" (the man was angry)

"*un individuo* **empezó** *a amenazarla*" (a man started to threaten her)   "**Se crecía** *con la fragilidad física del adversario*" (the frailness of his adversary made him grow)

"**cerró** *la puerta de un golpe*" (he closed the door with a bang)   "**Acusó** *gritos a la profesora*" (He shouted his accusation at the teacher)

As you know, in Spanish there is a distinction between completed actions in the past, for which the preterite (*acusó*) is used, and incomplete ones, for which the imperfect (*acusaba*) is used. This distinction is not always apparent in English, which is why it is sometimes difficult for English speakers to differentiate between the ways that the **imperfecto** and **indefinido** or **pretérito** are used in Spanish.

The **Imperfecto** is used to:

1 Refer to past actions which were in progress when something else happened:

   "*Un día cuando la profesora* **estaba** *sola en un despacho, se abrió la puerta con violencia y un individuo […] empezó a amenazarla […]*"

   One day when the teacher was alone in her office, the door opened violently and a man started to threaten her.

2 Describe an ongoing state or action in the past that takes place over an unspecified period of time:

   "*El tipo* **estaba** *indignado por el suspenso de su hijo al que* **consideraba** *víctima […]*"

   The man was indignant because his son had failed an examination, and he saw him as a victim…[…]

The **Indefinido (o Pretérito)** is used to:

1 Refer to a past action which is completed while other events are taking place:

   "*Un día cuando la profesora estaba sola en un despacho,* **se abrió** *la puerta con violencia […]*

   One day when the teacher was alone in her office, the door opened violently

2 Refer to actions which took place and ended at a particular point in the past:

   "**Aprobó** *el examen de español el año pasado*"

   He/She passed the Spanish exam last year.

6

La enseñanza en el instituto

Actividad 5 ••

Práctica de gramática

Ponga en Imperfecto o Indefinido los verbos que están entre paréntesis. Recuerde ponerlos en la persona adecuada.

(Ser) _____ el día del gran examen, del definitivo, de la gran oportunidad.

El aula (estar) _____ llena, no se (oír) _____ nada más que el rasgar de los bolígrafos contra el papel. Mis papeles (estar) _____ en blanco, tan vacíos como mi cerebro. No (pasar) _____ por él ni una palabra, ni una idea, ni un recuerdo: nada. El ambiente (ser) _____ sofocante a pesar de la lluvia que (caer) _____ persistente detrás de la ventana. En algún lugar del aula un ruidoso reloj (acompasar) _____ con su son el ritmo de las respiraciones: el tiempo (avanzar) _____ y yo (seguir)_____ sin recordar nada.

Yo (tener) _____ la cabeza inclinada hacia mis papeles. (Estar) _____ acalorado, sudado y agobiado con la idea de que el profesor viniera a preguntarme porqué no (escribir) _____ (Mirar) _____ absorto mi folio blanco, reflejo fiel de mi mente, cuando de pronto (suceder), _____ algo inaudito: una fuerza extraña (apoderarse) _____ de mí, (coger) _____ el bolígrafo y como tirando de un hilo invisible (empezar) _____ a salir palabras y esquemas que quedaban impresos en el papel como por arte de magia: (escribir) _____ dos, diez, quince páginas, sin parar, frenético, poseído, en trance. Creo que (ser) _____ de noche cuando (acabar) _____. (Levantar) _____ la cabeza y (encontrar) _____ un aula sin nadie. Ni profesor, ni alumnos, ni reloj, ni siquiera lluvia. (Escuchar) _____ el gran silencio con los papeles en la mano, los (estrujar) _____ y (salir) _____ en silencio del aula.

Actividad 6 ••

Ampliación de vocabulario

En el texto que acaba de leer aparecen las palabras siguientes. Con ayuda de su diccionario, rellene las casillas vacías con las palabras correspondientes de la misma familia. Observe que algunas casillas no pueden rellenarse. Puede seguir el modelo que le damos como ejemplo.

verbos	sustantivos	adjetivos/ participios	adverbios
expresan	**expresión**	expresivo/expresado	expresivamente
	desafío		
amenazar			
		indignado	
		violento	
	fragilidad		
acusar			
acobardar			**cobardemente**
	apaciguamiento		
	respeto		
			temerosamente

Actividad 7

Práctica de vocabulario: crucigrama

Rellene el crucigrama con la ayuda de las frases que siguen. Las palabras con un asterisco están extraídas de la Actividad 6. El resto de palabras provienen del texto.

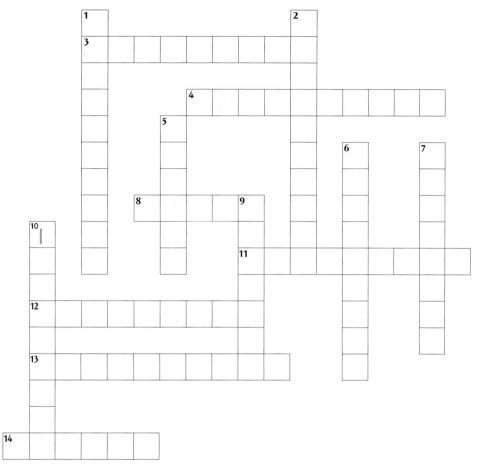

La enseñanza en el instituto

Horizontal

3   *Es una persona muy _____ (9): manifiesta con viveza todo lo que siente o piensa.

4   Nunca ha hecho nada fuera de la ley, nunca ha quebrado ninguna regla, se puede decir que su conducta es realmente _____ (10).

8   Hay que tener _____ (5) para defender las ideas en las que uno cree.

11 Los resultados fueron buenos: sólo el 3% de los alumnos _____ (9) el examen.

12 No me extraña que Luis gritara como dices, últimamente está muy _____ (9).

13 Los alumnos estaban _____ (10) porque pensaban que habían sido tratados injustamente.

14 *Aunque de aspecto_____ (6) María es una persona de una gran fortaleza y resistencia.

Vertical

1   Una denuncia ante los tribunales puede _____ (10) la carrera de cualquier profesional.

2   Estos niños hacen lo que quieren, están muy consentidos y son unos _____ (10).

5   Ayer el profesor _____ (6) el trabajo del alumno calificándolo de excelente.

6   *Están haciendo una manifestación para protestar contra la _____ (9) en las escuelas.

7   Algunos alumnos se creen _____ (8) de las injusticias de los profesores.

9   Las relaciones entre profesores y alumnos deberían basarse en el mútuo _____ (7).

10 El profesor no se dejó _____ (9) por las amenazas de los padres y defendió su postura hasta el final.

6

La enseñanza en el instituto

Actividad 8 •

Apuntes

Busque estas palabras y expresiones que aparecen en el texto y observe cómo se utilizan. Usted puede usarlas también en sus redacciones y debates en español.

minar la confianza en sí mismo	to undermine his/one's self-confidence
aprovechar	to take advantage of/to seize an opportunity
cobrar conciencia de sus responsabilidades	to become aware of their responsibilities
mala educación	bad manners
mientras tanto	meanwhile
elevar su protesta a instancias más altas	to take his complaint further
encogerse de hombros	to shrug one's shoulders

Actividad 9 •

Redacción

"Quizá de ahora en adelante (la profesora) debería no tomarse tan en serio su trabajo, encogerse de hombros y aprobar a todo el mundo, o repartir plastilina en clase y enseñar canciones de corro, como en las guarderías."

Busque en el texto ejemplos que justifiquen esta afirmación y exprese su opinión sobre el tema. Si recuerda alguna anécdota personal relacionada con el tema, puede añadirla para ilustrar su opinión. Utilice entre 200-250 palabras.

Actividad 10 •

Debate

Los padres y los profesores en la escuela

En parejas: un estudiante adopta el papel de profesor, el otro de padre del alumno.

Situación: El alumno ha suspendido sus exámenes por primera vez durante el curso. El padre, basándose en las notas de los meses anteriores, piensa que la nota de este trimestre es injusta y pide al profesor que revise el examen.

El profesor opina que el alumno ha bajado en su rendimiento en los últimos meses. Se basa en las notas que ha sacado en las demás asignaturas y en su comportamiento en clase. Cree que el alumno debe ser responsable de su comportamiento y esforzarse en mejorar. Opina que regalarle puntos en la nota no le hace ningún favor al estudiante.

Ambos deben llevar ejemplos concretos en los que apoyar sus argumentos.

Correcciones y explicaciones

Actividad 1

palabras clave	definiciónes
1 melancolía *"un estado de melancolía"*	n) tristeza sosegada y permanente
2 aula *"entrar en el aula donde un alumno va a estar…"*	a) sala donde se celebran las clases en los centros docentes
3 desafío *"expresión de desafío"*	o) reto, provocación a combatir o luchar
4 desaire *"contarle a su padre cualquier desaire"*	b) humillación, desatención hacia una persona
5 ademán *"un individuo con gritos y ademanes de energúmeno"*	a) movimiento o actitud del cuerpo
6 energúmeno *ídem*	h) persona furiosa, alborotada
7 intimidar *"intimidándola con el volumen bronco de su voz"*	c) causar o infundir miedo
8 perjudicar *"ser perjudicada profesionalmente"*	f) ocasionar daño o menoscabo material o moral
9 chulería *"chulerías y amenazas de alumnos malcriados"*	l) dicho o hecho jactancioso
10 malcriados *ídem*	b) niños consentidos y maleducados
11 soez *"padres brutos y soeces"*	g) bajo, grosero, indigno
12 instituto *"Los institutos de bachillerato"*	k) centro de enseñanza estatal donde se imparte el bachillerato
13 sofocante *"la protección algo sofocante del espacio familiar"*	j) que ahoga, que impide respirar libremente
14 mala educación *"la mala educación de sus hijos"*	i) falta de cortesía y urbanidad, malos modales
15 canciones de corro *"enseñar canciones de corro como en las guarderías"*	m) canciones que los niños cantan cogidos de la mano formando un círculo

6

Correcciones y explicaciones

Actividad 2

1 fragilidad	h) resistencia
2 significativo	f) irrelevante
3 irascible	b) tranquilo
4 desánimo	j) ánimo
5 maltrato	i) buen trato
6 desconsideración	c) consideración
7 intachable	a) censurable
8 valor	g) cobardía
9 halagar	e) criticar
10 aprobar	d) suspender

Actividad 3

1 a. (Paras 2-3-4)

2 c. (Paras 2 and 3)

3 c. (Para 4)

4 b. (Para 8)

5 b. (Paras 5 and 7)

Actividad 4

Here are our suggested answers. Yours may be phrased differently, but make sure that the overall meaning is the same.

1 Lo describe como un hombre mal educado, violento, paranoico, de mentalidad cerrada y completamente obsesionado. (Paras 2 and 3)

2 La profesora no recibe apoyo ni de la dirección de la escuela ni de sus colegas porque todos ellos tienen miedo de que el caso pueda llegar a los tribunales y afecte negativamente sus carreras profesionales. (Para 4)

3 El autor describe el trabajo de profesor como un trabajo difícil que, a pesar de ser esencial, está mal pagado y en el que no hay compensación al esfuerzo dedicado. (Para 5)

4 Los institutos del siglo XIX eran lugares donde los jóvenes aprendían, no sólo materias académicas sino también a ser buenos ciudadanos. Los institutos actuales parecen más bien lugares donde los chicos son tratados y mimados como niños pequeños. (Para 6)

Actividad 5

Era el día del gran examen, del definitivo, de la gran oportunidad.

El aula **estaba** llena, no se **oía** nada más que el rasgar de los bolígrafos contra el papel. Mis papeles **estaban** en blanco, tan vacíos como mi cerebro. No **pasaba** por él ni una palabra, ni una idea, ni un recuerdo: nada. El ambiente **era** sofocante a pesar de la lluvia que **caía** persistente detrás de la ventana. En algún lugar del aula un ruidoso reloj **acompasaba** con su son el ritmo de las respiraciones: el tiempo **avanzaba** y yo **seguía** sin recordar nada.

Yo **tenía** la cabeza inclinada hacia mis papeles. **Estaba** acalorado, sudado y agobiado con la idea de que el profesor viniera a preguntarme porqué no **escribía**. **Miraba** absorto mi folio blanco, reflejo fiel de mi mente, cuando de pronto, **sucedió** algo inaudito: una fuerza extraña **se apoderó** de mí, **cogí** el bolígrafo y como tirando de un hilo invisible **empezaron** a salir palabras y esquemas que quedaban impresos en el papel como por arte de magia: **escribí** dos, diez, quince páginas, sin parar, frenético, poseído, en trance. Creo que **era** de noche cuando **acabé**. **Levanté** la cabeza y **encontré** un aula sin nadie. Ni profesor, ni alumnos, ni reloj, ni siquiera lluvia. **Escuché** el gran silencio con los papeles en la mano, los **estrujé** y **salí** en silencio del aula.

Actividad 6 •

verbos	Sustantivos	adjetivos/ participios	adverbios
expresar	**expresión**	expresivo/expresado	expresivamente
desafiar	**desafío**	desafiante/desafiado	
amenazar	amenaza	amenazador/amenazante/ amenazado	amenazadoramente
indignar	indignación	indignante/**indignado**	
violentar	violencia	**violento**/violentado	violentamente
	fragilidad	frágil	frágilmente
acusar	acusación	acusador/acusado	
acobardar	cobardía	cobarde/acobardado	cobardemente
apaciguar	**apaciguamiento**	apaciguador/apaciguado	
respetar	**respeto**	respetable/respetuoso/ respetado	respetuosamente
temer	temor	temeroso/ temido	**temerosamente**

6

Correcciones y explicaciones

Actividad 7

Actividad 9

Here is a sample essay. No doubt your own composition will be quite different. Read this one carefully and make a note of any useful phrases that would have improved your own essay. Expressions from the text and from the *Observaciones lingüísticas* are shown in bold type.

Esta frase queda justificada por el caso que se cuenta en el texto, en el que la profesora no puede hacer nada ya que no encuentra apoyo ni en la dirección del centro ni en los colegas. Este caso particular ilustra, según el autor, la situación en la que el profesorado se encuentra actualmente. Al no poder encontrar una salida a su problema, no sin ironía, el autor propone **resignarse** a la situacion.

Yo creo que la actitud de **encogerse de hombros** ante lo que uno cree **injusto** no es la adecuada. Creo que hay que luchar, mover la opinión de la gente para que vea el problema y, por lo tanto, sea posible encontrar una solución. Las **injusticias** deberían encontrar una manera de solucionarse, tanto en el caso de que la **víctima** sea el profesor como el alumno.

Recuerdo una anécdota de cuando yo iba al instituto que ilustra justamente el caso contrario del texto. Una alumna que siempre **suspendía** sus exámenes **decidió** en un momento dado esforzarse para pasar el último **examen** del curso. **Estudió** los tres últimos meses de curso como no había estudiado nunca y **sacó** muy buena nota. El profesor **creyó** que había copiado y la **suspendió**. En este caso, tanto la alumna como todos los compañeros que habíamos visto su esfuerzo, nos **quejamos** a dirección, se le **revisó** el **examen** y **aprobó.**

7 La Biodiversidad

La ecología es hoy en día un tema que preocupa a la opinión pública. La gente ya está empezando a ser consciente de los graves problemas a los que el mundo podría enfrentarse en el futuro si no se pone más atención a las necesidades y conservación del medio ambiente. La protección de la biodiversidad es uno de los objetivos principales.

Actividad preparatoria ●

Antes de leer el texto realice la siguiente actividad para comprobar sus conocimientos sobre el tema. Diga si las siguientes afirmaciones sobre el tema de la biodiversidad son verdaderas o falsas.

		V	F
1	La diversidad biológica no se refiere a los seres humanos, sólo a animales y plantas.	☐	☐
2	La mayoría de los ecosistemas mejor conservados se encuentran en Latinoamérica.	☐	☐
3	La biodiversidad y su riqueza genética no son muy importantes para los países desarrollados.	☐	☐
4	Actualmente están desapareciendo muchas especies animales, es decir, el mundo está perdiendo biodiversidad.	☐	☐
5	Un gran enemigo de la biodiversidad es el cambio climático.	☐	☐

Un recurso no valorado

La diversidad biológica es la variabilidad entre los organismos vivientes, terrestres, marinos y acuáticos y los complejos ecológicos de los cuales forman parte; esto incluye la diversidad dentro de las especies, entre especies, y dentro y entre los ecosistemas.

La diversidad cultural humana podría considerarse como parte de la biodiversidad ya que cuenta con algunos atributos que podrían considerarse soluciones a problemas de supervivencia en determinados ambientes (nómadas, rotación de cultivos). Además ayudan a las personas a adaptarse a la variación del medio. La diversidad cultural se manifiesta en la diversidad del lenguaje, de las creencias religiosas, de las prácticas de manejo de la tierra, en el arte, en la música, en las estructuras sociales, en la selección de cultivos, en la dieta y todo atributo de la sociedad.

Gran parte de los ecosistemas menos alterados en su biodiversidad de todo el planeta se encuentran en Latinoamérica (Patagonia, Amazonas, bosques tropicales de montaña, las concentraciones de fauna marina atlántica o del Pacífico sur y los Tepuyes; a ellos debe sumarse además la Antártida).

La riqueza biológica

En estos ámbitos naturales se encuentra una enorme riqueza genética, lo cual motiva a los principales laboratorios del mundo, a que estén identificando elementos vegetales y animales que den origen a nuevas producciones farmacéuticas y alimenticias. Mueven inversiones millonarias, las que muy probablemente serán compensadas por los valores millonarios de los nuevos productos a lograr. Como ejemplo de lo anterior se puede mencionar que: de una enredadera amazónica proviene un nuevo tratamiento contra la leucemia; algas del sur posibilitaron terapias para problemas cardiovasculares; y genes latinoamericanos permitieron duplicar cosechas de granos europeas.

Somos totalmente dependientes del capital biológico. La diversidad dentro y entre las especies nos ha proporcionado alimentos, maderas, fibras, energía, materias primas, sustancias químicas, industriales y medicamentos. Los recursos bióticos también sirven para los fines del esparcimiento y turismo; por lo que se puede afirmar que tanto la biodiversidad como las actividades relacionadas con el turismo que se realizan dentro de dichas regiones contribuyen con cientos de millones de dólares anuales a la economía mundial.

El caudal genético de las formas de vida ayuda al reciclamiento gratuito de recursos, (agua) y a los servicios de purificación y de control natural de plagas.

El potencial desconocido de los genes, de las especies y de los ecosistemas constituye una frontera biológica inalcanzable de valor inestimable, pero ciertamente elevado. La diversidad genética permitirá adaptar los cultivos a nuevas condiciones climáticas.

La diversidad específica actual consta de 40 a 80 millones de especies diferentes, cada una con variaciones en su información genética, que viven en una variedad de comunidades biológicas. Se han clasificado y descrito aproximadamente 1,5 millones de especies, es decir, una muy pequeña proporción del total.

Los bosques tropicales constituyen el almacén clave de la diversidad biológica del mundo. Éstos fueron desarrollados por 100 millones de años de actividad evolutiva, (formando un banco genético irremplazable). Ocupan sólo el 6 % de la superficie terrestre, y viven en ellos más de la mitad de todas las especies de la tierra.

Las especies silvestres se encuentran entre los principales recursos de que dispone el hombre, y los menos utilizados. Éstas encierran enormes reservas de productos valiosos sustitutos de fibras y de petróleo. Un ejemplo de esto es la palmera babassu, (Orbingnya phalerata, Amazonas) una plantación de 500 árboles produce 125 barriles de aceite al año.

La biodiversidad en peligro

La pérdida actual de biodiversidad es muy rápida, por lo que no puede ser equilibrada por la formación de nuevas especies, ya que se necesitan entre 2.000 a 100.000 generaciones para que evolucione una nueva especie. La tasa de extinciones inducidas por el hombre se está acelerando. La presión más fuerte se ha ejercido sobre ambientes aislados o netamente delimitados (islas, lagos). Las pluviselvas tropicales ya se han reducido por tala o incendios, aproximadamente al 55 por ciento de su extensión original.

La reducción de biodiversidad es una consecuencia directa del desarrollo humano, ya que muchos ecosistemas han sido convertidos en sistemas empobrecidos que son menos productivos, económica y biológicamente. Se podría decir que el uso inadecuado de los ecosistemas, además de perturbar su funcionamiento, también implica un costo.

La biodiversidad se ve amenazada por el cambio climático provocado por el efecto invernadero. Se considera posible un cambio de clima en dirección de los polos a un ritmo de 100 Km por siglo, lo que arrasaría reservas naturales y áreas de distribución de especies enteras, muchas especies no podrían migrar con la rapidez suficiente para persistir.

La responsabilidad de los gobiernos

De la importancia de la biodiversidad surge la necesidad de que las autoridades de los países asuman la responsabilidad indelegable de la conservación de su biodiversidad. Así como también, surge la necesidad de realizar acciones conjuntas entre los distintos niveles políticos y económicos que tengan

La diversidad biológica es la variabilidad entre los organismos vivientes

intervención o intereses creados en la misma zona pudiendo ser estos nacionales o locales, en respuesta a la falta de una armonización geográfica natural y no por límites ya existentes, y a los requisitos o características internacionales vigentes.

Como la biodiversidad guarda relación estrecha con las necesidades humanas, su conservación debería considerarse como un elemento de seguridad nacional. Una nación segura es fuerte, con una población saludable y educada, así como un medio ambiente saludable y productivo. Puede decirse que cada país tiene tres tipos de riqueza: material, cultural y biológica. Está última no es considerada, lo que constituye un grave error estratégico.

La conservación de la diversidad biológica supone un cambio de actitud: desde una postura defensiva (protección de la Naturaleza frente a las repercusiones del desarrollo) hacia una labor activa que procure satisfacer las necesidades de recursos biológicos de la población, al mismo tiempo que se asegura la sostenibilidad a lo largo del tiempo de la riqueza biótica de la Tierra.

por Gabriela Medrano

Actividad 1 ●●●

Comprensión de palabras clave (i)

El objetivo de la primera lectura del texto será entender las palabras clave del texto. Las palabras y expresiones que hay en la tabla siguiente son sinónimos y definiciones de las palabras más importantes del artículo. Busque en el texto las palabras a las que se refieren los sinónimos y escríbalas en las casillas correspondientes.

palabra en el texto	sinónimo/definición
	sobrevivir
	nación prepara y mejora del suelo con objeto de plantar especies vegetales
	entorno; elemento donde habita un ser vivo
	relacionado con la farmacia, las medicinas y su producción
	relacionado con la comida
	planta trepadora que se fija a cualquier soporte adecuado
	planta marina
	conjunto de los productos agrícolas que se obtienen de cultivar la tierra
	ocio; tiempo libre que se dedica a aficiones personales
	abundancia excesiva de una especie animal que desequilibra un ecosistema
	conjunto de árboles y otras especies vegetales
	salvaje; criado naturalmente
	la actividad de cortar árboles
	trastornar; alterar el orden y la tranquilidad
	sano; que tiene buena salud

La Biodiversidad

Actividad 2 ·································

Comprensión de palabras y expresiones clave (ii)

Encuentre en el texto las palabras y expresiones en español que tienen el mismo significado que las siguientes en inglés.

palabra/expresión en el texto	palabra/expresión en inglés
	belief
	unreachable
	warehouse, storehouse
	valuable
	loss
	rain forest
	forest fire
	to destroy
	in force

Actividad 3 ··················

Comprensión de texto (i)

Lea el texto para una comprensión general y complete las frases siguientes con la opción adecuada.

1 El artículo trata de

   a) las acciones que los países desarrollados han tomado para proteger el medio ambiente.

   b) la diversidad de especies que habitan nuestro planeta y cómo esta riqueza no se cuida apropiadamente.

   c) la diversidad biótica en España.

2 Según la autora del artículo la diversidad cultural humana es

   a) la causa de muchos problemas ecológicos.

   b) una fuente de protección del medio ambiente.

   c) parte de la diversidad natural del planeta.

3 La Patagonia es

   a) una región latinoamericana de gran riqueza natural.

   b) un proyecto de protección del medio ambiente.

   c) el nombre de un conjunto de especies naturales latinoamericanas.

4 La riqueza genética de la naturaleza sirve para

   a) desarrollar nuevas medicinas.

   b) identificar nuevos elementos vegetales.

   c) aumentar la producción de algas marinas.

5 La biodiversidad es una fuente de riqueza económica porque

   a) crece continuamente.

   b) proporciona muchos recursos necesarios para el desarrollo.

   c) utiliza las materias primas y las transforma para fines de esparcimiento.

6 Hoy en día conocemos y tenemos descripciones de

a) una pequeña parte de todas las especies del planeta.

b) una gran parte de las especies del planeta.

c) la mitad de las especies del planeta.

7 En las selvas tropicales del planeta se encuentra

a) una pequeña parte de todas las especies del planeta.

b) una gran parte de las especies del planeta.

c) la totalidad de las especies del planeta.

8 La reducción de la biodiversidad

a) está causando el subdesarrollo de muchos países.

b) es una consecuencia directa de la pobreza de los países.

c) es una consecuencia del desarrollo de los seres humanos.

9 La cooperación entre diferentes países

a) servirá para proteger más eficazmente al medio ambiente.

b) les libera de su responsabilidad en temas ecológicos.

c) no es importante para el tema de la biodiversidad.

10 La riqueza natural de un país es muy importante, pero

a) la seguridad nacional es más importante.

b) es más importante que el país sea fuerte.

c) normalmente no se le da la importancia necesaria.

Actividad 4 • • • • • • • • • • • • • • •

Verdadero o falso (actividad preparatoria)

Al principio de esta unidad usted realizó un ejercicio para determinar si ciertas frases eran verdaderas o falsas. Ahora corrija las que eran falsas, utilizando sus propias palabras.

1 La diversidad biológica no se refiere a los seres humanos, es sólo sobre animales y plantas

2 La mayoría de los ecosistemas mejor conservados se encuentran en Latinoamérica.

3 La biodiversidad y su riqueza genética no son muy importantes para los países desarrollados.

4 Actualmente están desapareciendo muchas especies animales, es decir, el mundo está perdiendo biodiversidad.

5 Un gran enemigo de la biodiversidad es el cambio climático.

Actividad 5 •••

Comprensión de texto (ii)

Después de una lectura más detenida del texto intente resolver este ejercicio. Aquí tiene varias preguntas de temas que aparecen en el texto. Para cada pregunta aparecen 3 respuestas pero una de ellas **no es cierta**. Usted tendrá que encontrar la respuesta falsa.

Ejemplo: La diversidad biológica comprende diferentes tipos de organismos, ¿cuáles?

   a)   organismos terrestres

   b)   organismos marinos

   c)   organismos extraterrestres

1   ¿En qué se manifiesta la diversidad cultural humana?

   a) en la diversidad del lenguaje

   b) en la diversidad biológica

   c) en el arte

2   ¿Qué avances se han conseguido con la investigación genética de diversas especies?

   a) el desarrollo tecnológico

   b) el tratamiento para problemas cardiovasculares

   c) la duplicación de cosechas

3   ¿Qué obtenemos de la diversidad de especies?

   a) alimentos

   b) envases

   c) medicamentos

4   ¿Qué deben hacer los distintos países con respecto a la biodiversidad?

   a) asumir responsabilidad en la conservación de la diversidad natural

   b) permitir la investigación genética de las especies

   c) compartir responsabilidades en áreas naturales, independientemente de las fronteras

5   ¿Cuáles son los beneficios para un país que cuida su biodiversidad?

   a) población más saludable

   b) medio ambiente más productivo

   c) mayor desarrollo

Actividad 6 •••

Práctica y ampliación de vocabulario

A continuación tiene un pequeño texto que trata del mismo tema que el texto principal: la biodiversidad. En el texto hay varias palabras marcadas cuyas letras han sido mezcladas. Intente adivinar la palabra correcta.

Los objetivos que se han de perseguir de conformidad con sus disposiciones pertinentes, son la conservación de <u>siverdidad</u> biológica, la utilización <u>tesosbleni</u> de sus componentes y la participación justa y equitativa en los <u>finebecios</u> que se deriven de la utilización de los recursos <u>gecostiné</u>, mediante, entre otras cosas, un acceso adecuado a esos <u>soscurre</u> y una transferencia apropiada de las tecnologías pertinentes, teniendo en cuenta todos los derechos sobre los recursos y a esas tecnologías, así como mediante una financiación <u>piadaproa</u>.

(Extracto del Convenio sobre la Diversidad Biológica, Naciones Unidas, 1992, Artículo 1.)

Observaciones lingüísticas

Talking about *cause and effect*:

The text 'Un recurso no valorado' is full of examples of causes of environmental problems and their effects on the ecosystem. Below you will find some useful examples taken from the article that illustrate these ideas:

Causes

When we want to emphasise what *causes* a particular *effect*, the following conjunctions are normally used.

porque

> *El cambio climático es un problema ecológico **porque** provoca el efecto invernadero.*
> Climate change is an ecological problem **because** it causes the greenhouse effect.

ya que/puesto que/como

These three conjunctions are used when talking about the relationship between cause and effect. *Ya que* and *puesto que* are interchangeable and can be used to explain 'causes'.

> *Deberíamos cuidar nuestro medio ambiente **ya que** es nuestra fuente de vida.*
> We should look after our environment **because** it is our source of life.
> *Los incendios forestales son muy peligrosos **puesto que** ponen los ecosistemas en peligro.*
> Forest fires are very dangerous **since** they put ecosystems at risk.

Como presents the 'cause' as an established fact, and often appears at the beginning of the sentence.

> ***Como** la desaparición de especies está sucediendo muy rápidamente, los países deberían actuar pronto.*
> **As** species are disappearing very quickly, countries should act promptly.

Effects and Consequences

When we talk about consequences or effects the ideas are normally introduced by the following expressions:

así que

> *La protección de la biodiversidad es muy importante, **así que** los gobiernos tienen que responsabilizarse.*
> The protection of biodiversity is very important, **therefore** governments have to take responsibility.

así como/así como también

> *Hay que tomar medidas urgentes, **así como también** hay que mejorar la cooperación entre países.*
> Urgent measures have to be taken; **furthermore** cooperation between countries needs to improve.

por tanto/por lo que

> *Las selvas tropicales tienen enorme riqueza genética, **por tanto** hay que protegerlas adecuadamente.*
> Tropical forests have enormous genetic wealth, **therefore** they have to be protected adequately.
> *La pérdida actual de la diversidad es muy rápida, **por lo que** no puede ser equilibrada por la formación de nuevas especies.*
> The current loss of biodiversity is very rapid, **that's why** it cannot be counterbalanced by the development of new species.

de modo que

> *El medio ambiente es nuestro hogar, **de modo que** debemos ser responsables de su buen estado.*
> The natural environment is our home, **therefore** we have to act as its custodians.

Actividad 7 • • • • • • • •

Redacción

En las observaciones lingüísticas hemos visto como se expresan causas y consecuencias. Ahora intente escribir un texto utilizando las nuevas expresiones, estructuras y vocabulario que ha aprendido.

El texto debe tener unas 200-250 palabras y el tema es: "¿Hay que proteger a las diferentes culturas y minorías humanas tanto como al medio ambiente?"

Hay gran diversidad entre los seres humanos

Actividad 8 •

Debate: ¡Salvemos el Amazonas!

Esta actividad se puede realizar en tres grupos.

Representantes de grupos indígenas del Amazonas han pedido ayuda al grupo ecologista "Ayuda solidaria". La tala de árboles ilegal está poniendo en peligro su medio ambiente. El grupo ecologista decide elaborar un documento donde se recogen las razones por las que es importante conservar las selvas tropicales y su biodiversidad. Los diferentes grupos discuten las razones de acuerdo a grupos temáticos. Una vez los diferentes grupos han terminado la discusión, ponen sus ideas en común para decidir la elaboración de un documento final.

Grupos temáticos:

1 **Razones éticas para conservar los espacios naturales**

2 **Razones científicas para proteger la biodiversidad**

3 **Razones políticas para mejorar la cooperación entre países**

7

La Biodiversidad

Correcciones y explicaciones

Actividad preparatoria

1 Falso (Para 2)   2 Verdadero (Para 3)   3 Falso (Para 4)

4 Verdadero (Para 11)   5 Verdadero (Para 13)

Actividad 1

palabra en el texto	sinónimo/definición
supervivencia *"problemas de supervivencia"*	sobrevivir
cultivo *"rotación de cultivos"*	preparación y mejora del suelo con objeto de plantar especies vegetales
medio *"a la variación del medio"*	entorno; elemento donde habita un ser vivo
farmacéutica *"nuevas producciones farmacéuticas"*	relacionado con la farmacia, las medicinas y su producción
alimenticia *"farmacéuticas y alimenticias"*	relacionado con la comida
enredadera *"de una enredadera amazónica"*	planta trepadora que se fija a cualquier soporte adecuado
alga *"algas del sur"*	planta marina
cosecha *"duplicar cosechas de granos"*	conjunto de los productos agrícolas que se obtienen de cultivar la tierra
esparcimiento *"fines del esparcimiento y turismo"*	ocio; tiempo libre que se dedica a aficiones personales
plaga *"control natural de plagas"*	abundancia excesiva de una especie animal que desequilibra un ecosistema
bosque *"los bosques tropicales"*	conjunto de árboles y otras especies vegetales
silvestre *"las especies silvestres"*	salvaje; criado naturalmente
tala *"por la tala o incendios"*	la actividad de cortar árboles
perturbar *"además de perturbar"*	trastornar; alterar el orden y la tranquilidad
saludable *"con una población saludable"*	sano; que tiene buena salud

7

Correcciones y explicaciones

Actividad 2 ●●

palabra / expresión en el texto	palabra / expresión en inglés
creencia *"de las creencias religiosas"*	belief
inalcanzable *"una frontera biológica inalcanzable"*	unreachable
almacén *"constituyen el almacén clave"*	warehouse, storehouse
valioso *"reservas de productos valiosos"*	valuable
pérdida *"la pérdida actual de biodiversidad"*	loss
pluviselva tropical *"las pluviselvas tropicales ya se han reducido"*	rain forest
incendio *"se han reducido por la tala o incendios"*	forest fire
arrasar *"lo que arrasaría reservas naturales"*	to destroy
vigente *"características internacionales vigentes"*	in force

Actividad 3 ●●

1   b: El artículo trata de la diversidad de especies que habitan nuestro planeta y cómo esta riqueza no se cuida apropiadamente. (Paras 1, 2, 14 and 15, etc)

2   c: Según la autora del artículo la diversidad cultural humana es parte de la diversidad natural del planeta. (Para 2)

3   a: La Patagonia es una región latinoamericana de gran riqueza natural. (Para 3)

4   a: La riqueza genética de la naturaleza sirve para desarrollar nuevas medicinas. (Para 4)

5   b: La biodiversidad es una fuente de riqueza económica porque proporciona muchos recursos necesarios para el desarrollo. (Para 5)

6   a: Hoy en día conocemos y tenemos descripciones de una pequeña parte de todas las especies del planeta. (Para 8)

7   b: En las selvas tropicales del planeta se encuentra una gran parte de las especies del planeta. (Para 9)

8   c: La reducción de la biodiversidad es una consecuencia del desassollo de los seres humanos (Para 12)

9   a: La cooperación entre diferentes países servirá para proteger más eficazmente al medio ambiente. (Para 14)

10   c: La riqueza natural de un país es muy importante, pero normalmente no se le da la importancia necesaria. (Para 15)

Actividad 4 ●

Here are our suggested answers. The wording of your answers may be slightly different, but check that the overall meaning is the same.

1   Falso.

Para 2: *La diversidad cultural humana también se puede considerar como biodiversidad porque es fruto de la búsqueda de la supervivencia y de la adaptación al medio.*

2   Verdadero. (Para 3)

3   Falso.

Para 4: *La biodiversidad y su riqueza genética son importantes para todos los países. De la biodiversidad se obtienen nuevas medicinas y alimentos.*

4   Verdadero. (Para 11)

5   Verdadero. (Para 13)

Actividad 5 ●

1   a: en la diversidad biológica

2   a: el desarrollo tecnológico

3   c: envases

4   b: permitir la investigación genética de las especies

5   c: mayor desarrollo

Actividad 6 ●

Los objetivos que se han de perseguir de conformidad con sus disposiciones pertinentes, son la conservación de **diversidad** biológica, la utilización **sostenible** de sus componentes y la participación justa y equitativa en los **beneficios** que se deriven de la utilización de los recursos **genéticos**, mediante, entre otras cosas, un acceso adecuado a esos **recursos** y una transferencia apropiada de las tecnologías pertinentes, teniendo en cuenta todos los derechos sobre los recursos y a esas tecnologías, así como mediante una financiación **apropiada**.

Actividad 7 ●

Here is a sample essay. No doubt your own composition will be quite different. Read this one carefully and make a note of any useful phrases that would have improved your own essay. Expressions from the text and from the *Observaciones lingüísticas* are shown in bold type.

El ser humano de hoy en día ha alcanzado tal nivel de sofisticación que muchas veces nos olvidamos que somos parte indivisible de la naturaleza, tanto como el resto de las diferentes **especies** animales y vegetales. Cuando se discuten temas sobre **protección del medio ambiente** se tiende a pensar en proteger a los animales **puesto que** ellos representan la imagen del **mundo natural**; pero hay que tener en cuenta que proteger el medio ambiente significa protegernos a nosotros mismos, a nuestro entorno, **de modo que** el debate se sitúa a un nivel superior: la protección de la vida.

Si el ser humano es parte de la naturaleza, entonces los diferentes **grupos étnicos** y culturas serán también parte del orden natural. Las diferentes culturas humanas representan diferentes modos de adaptarse al **ambiente natural**. Estas adaptaciones se han desarrollado genéticamente a lo largo de la historia dando lugar a diferentes grupos étnicos humanos, **puesto que** el desarrollo humano no se diferencia mucho al desarrollo animal en términos biológicos. **Por tanto,** se debería proteger esta **biodiversidad humana** como un patrimonio natural que debe ser admirado.

La defensa del medio ambiente debería afrontarse desde un punto de vista menos prepotente. Nosotros somos parte del medio ambiente y lo necesitamos para seguir viviendo. La protección de la **riqueza genética** natural (incluida la humana) es fundamental para nuestra existencia.

8 La mujer en la sociedad española

Un país de hijos únicos

Las españolas revolucionan la demografía con la natalidad más baja del mundo.

María Ferrer, estilista, madre primeriza

Tenemos la tasa de fecundidad más baja del mundo. Cada española tiene 1,2 hijos de media. Muchos menos que los 2,1 necesarios para el relevo de las generaciones. Un fenómeno inquietante cuyas consecuencias se sentirán en menos de 20 años. Éstas son sus claves.

Las españolas entre 15 y 49 años han decidido tener 1,2 hijos cada una. Y cuanto más tarde mejor.

En 15 años, la población española ha sufrido una convulsión inédita en la historia del país en tiempos de paz. Nunca antes habían nacido tan pocos niños de madres tan mayores como ahora. Y nunca antes habían existido tal cantidad de viejos, en tan buenas condiciones de salud y con una expectativa de vida tan prolongada. Alrededor de 5,5 millones de españoles tienen más de 65 años.

El salto al vacío se produjo en la década de los ochenta. En nueve años (1980-1989), la fecundidad de las españolas pasó de una media de 2,2 hijos por mujer a sólo 1,37. Muy por debajo de los 2,1 vástagos por mujer necesarios para garantizar el relevo de las generaciones y el mantenimiento de la población. En la ciudad de Madrid, por ejemplo, cada día mueren seis personas más de las que nacen. Las cuentas no salen, la población disminuye. Y todo ello sin ninguna hecatombe por medio: ni guerras, ni epidemias, ni hambrunas, tradicionales culpables de la bajada en picado de la natalidad a través de la historia, han tenido nada que ver con esto. Ha sido más bien asunto de mujeres.

La mujeres españolas nacidas entre finales de los cincuenta y finales de los sesenta son las que han decidido dar marcha atrás a la tasa de fecundidad nacional, quizá también por el famoso efecto péndulo o interpretación cíclica de la demografía. Es la primera generación de españolas que ha accedido mayoritariamente a la educación media y superior. La primera que ha decidido, y podido amortizar estos estudios con una actividad laboral de largo plazo sin interrupciones definitivas para casarse y tener hijos. La primera que ha podido disponer con relativa facilidad de una batería de eficacísimos métodos anticonceptivos, desarrollados hace un par de décadas.

Marina Blancas, de 34 años decidió ser madre cuando consiguió que su contrato como administrativa de una empresa de seguros fuese indefinido. Un embarazo de alta precisión, calculado al milímetro para conseguir empalmar las 16 semanas de permiso de maternidad con el reglamentario mes de vacaciones, y, a la vuelta del trabajo, con los tres meses de jornada intensiva del verano. De esta forma, Marina podrá cuidar de su hijo hasta que tenga ocho meses sin el desgarro emocional – "y económico" – de tener que dejarlo más de diez horas diarias en una guardería del barrio.

Este plan, inconcebible por la generación anterior, es el que diseñan de antemano muchas de las mujeres trabajadoras que desean tener hijos. Primero, estabilidad; luego, descendencia. Esto coinciden en afirmarlo las representantes de dos sectores tradicionalmente en desacuerdo: patronal y sindicatos. "Una no se puede plantear la maternidad antes de los 30, que es el tiempo que dedicas a los estudios, la especialización y la consolidación de tu empleo. Y no sólo, por una mera cuestión económica, sino por un deseo de la mujer, nuevo y pujante de alcanzar la promoción social" dice la responsable de los asuntos de Seguridad Social de la Confederación Española de Organizaciones Empresariales (CEOE).

Lo difícil ahora es ser trabajadora y madre a la vez. Más allá del permiso remunerado por baja maternal (16 semanas) y la posibilidad de padres y madres de acogerse a la excedencia para el cuidado de los hijos hasta que el niño tenga tres años, la percepción general es que un hijo significa un parón de consecuencias imprevisibles y una seria hipoteca sobre el futuro profesional de la madre. Empresarios y sindicatos están de acuerdo en que la legislación de la maternidad en España- 16 semanas de baja remunerada- está en un nivel comparable a la media europea excluidos los países nórdicos, que superan ampliamente al resto de la UE en duración y posibilidad de baja parental. En Europa estos permisos oscilan entre las 13 semanas de Portugal y las 28 de Dinamarca. Sin embargo, mientras la responsable de Seguridad Social de la CEOE afirma que no dispone de datos que demuestren el incumplimiento o la existencia de conflictos entre empresarios y empleadas embarazadas, la representante del sindicato Comisiones Obreras (CCOO) se atreve a afirmar que la "maternidad sigue pesando como una espada de Damocles en las mujeres trabajadoras":

Lo cierto es que para muchos empresarios sigue funcionando el estereotipo de que "un hombre con hijos será un trabajador más responsable y productivo, mientras que una mujer embarazada o con hijos va a faltar más, va a llegar tarde y no va a concentrarse en su trabajo". Esto sin hablar de las mujeres que ni siquiera pueden disfrutar de la baja maternal porque tienen contratos temporales y se les acaba a medio embarazo".

Los expertos hablan de la "paternidad asimétrica". Mientras los hombres están educados desde siempre a dar prioridad a su trabajo sobre el cuidado de los hijos, las mujeres no han tenido tiempo de asumir esta posibilidad, y si alguna lo intenta es a costa de arrastrar permanentemente un angustioso sentimiento de culpa.

El País semanal nº 1.043 septiembre 1996

Actividad 1 ●

Comprensión de palabras clave

El objetivo de la primera lectura del texto será entender las palabras a medida que lea el texto. Una las palabras de la columna de la izquierda con su definición en la columna de la derecha. Intente adivinar el significado de las palabras por el contexto.

8

La mujer en la sociedad española

palabras clave	definiciones
1 relevo de las generaciones "2,1 (hijos) necesarios para el relevo de las generaciones"	a) una interrupción prolongada de algo (colloquial)
2 salto al vacío "El salto al vacío se produjo en la década de los ochenta"	b) poner una cosa o una persona en peligro (figurative)
3 vástago "2,1 vástagos por mujer"	c) servirse de alguna persona o cosa
4 hambruna "ni guerras, ni epidemias, ni hambrunas"	d) mujer que tiene un hijo por primera vez
5 bajar en picado "la bajada en picado de la natalidad"	e) horario de 8.00h de la mañana a las 3.00h de la tarde sin interrupción
6 dar marcha atrás "dar marcha atrás a la tasa de fecundidad"	f) ligar o combinar planes, ideas, acciones
7 empalmar ... (con) "empalmar el permiso de maternidad con las vacaciones"	g) descender rápida o irremediablemente (colloquial)
8 permiso de maternidad/ baja maternal "permiso por baja maternal"	h) hambre grande, escasez generalizada de alimentos
9 jornada intensiva "jornada intensiva de verano"	i) desistir de un empeño, o reducir su actividad
10 desgarro emocional "sin el desgarro emocional de tener que dejar al hijo diez horas diarias…"	j) arriesgarse, ir hacia lo desconocido
11 excedencia "acogerse a la excedencia"	k) reemplazar a las personas de una generación por las de la siguiente
12 un parón "un hijo significa un parón"	l) persona descendiente de otra (This word is usually found in written language or very formal contexts)
13 hipotecar "una hipoteca sobre el futuro profesional de la madre"	m) permiso que se otorga a los trabajadores al tener un hijo, para no asistir al trabajo por un período de tiempo
14 a costa de "a costa de arrastrar un sentimiento de culpa"	n) sentimiento de dolor por la separación forzosa de un ser querido
15 madre primeriza	ñ) permiso no remunerado, para no ocupar el puesto de trabajo durante un tiempo determinado

Actividad 2 •••

Encuentre en el texto las palabras en español que tienen el mismo significado que las siguientes en inglés.

palabra en el texto	palabra en inglés
	fertility/birth rate
	pregnancy
	convulsion
	life expectancy
	hecatomb / disaster involving huge loss of life
	to pay back / to repay / pay off (a loan)
	nursery
	to carry with one / to live with (something)

Actividad 3 •••••••••••••••••

Comprensión de texto

Lea el texto para una comprensión general y complete las frases siguientes con la opción adecuada.

1 El artículo trata de

a) las opiniones de los distintos sectores sobre el futuro de la mujer en la sociedad española.

b) la situación actual de los índices de fecundidad en España y su relación con la situación laboral y social de de la mujer.

c) las soluciones posibles para aumentar el índice de natalidad en España.

2 El autor del artículo, para demostrar su teoría

a) no da ningún ejemplo.

b) se basa mayoritariamente en datos estadísticos.

c) nos pone un ejemplo real además de datos estadísticos.

3 Según el artículo, los índices de natalidad en España comparados con el resto del mundo

a) están por encima de la media.

b) están en la media.

c) están por debajo de la media.

4 La causa principal de esta situación es/son

a) la situación social y laboral de la mujer.

b) la brevedad de los permisos de trabajo.

c) desgracias como la guerra, epidemias y hambrunas.

5 La solución adoptada generalmente por las mujeres según el artículo es

a) dejar el trabajo cuando tienen hijos.

b) primero tener los hijos y, cuando éstos ya van al colegio, dedicarse ellas a su profesión.

c) intentar conseguir una seguridad laboral antes de tener los hijos.

6 Actualmente, la idea generalizada sobre el tema es que

a) la maternidad supone para la mujer una mejora en el campo laboral.

b) la maternidad no afecta la vida profesional de la mujer.

c) todavía constituye un problema compaginar maternidad y vida profesional.

La mujer en la sociedad española

8

La mujer en la sociedad española

7 Según el artículo, muchos empresarios piensan que una trabajadora con hijos

   a) es igual de eficaz que una trabajadora sin hijos.

   b) va a ser más responsable y productiva .

   c) va a rendir menos.

8 Cuando las mujeres dan más importancia a su vida profesional que al cuidado de los hijos

   a) se sienten realizadas.

   b) se sienten culpables.

   c) sienten que cumplen con su deber.

Actividad 4

Comprensión de texto

Después de una lectura más detenida del texto, conteste las siguientes preguntas en español:

1 ¿Cuándo se produjo el drástico descenso de la natalidada en España?

2 ¿Qué factores se dieron en esta generación para que las mujeres pospusieran la edad de la maternidad?

3 ¿En qué discrepan la responsable de la Seguridad Social de la CEOE y la representante de CCOO?

4 Cuando el autor habla de "paternidad asimétrica" se refiere a que hombres y mujeres tienen distintas prioridades, ¿cuáles?

Actividad 5

Traducción

Para comprobar que ha entendido bien el vocabulario, traduzca al español las frases que tiene a continuación. Puede buscar ayuda en las actividades 1 y 2.

1 Catalonia is the region in Spain with the lowest birth rate.

2 Maternity leave in Spain is 16 weeks.

3 Women's career expectations have changed over the last 20 years.

4 Women try to delay pregnancies for as long as they can.

5 After investing so much time and effort in education, it is reasonable to expect a pay back in the long term.

6 Most Spanish nurseries are open from 8 a.m to 6 p.m. This allows both parents to go to work.

Actividad 6

Práctica y ampliación de vocabulario

Las palabras de las siguientes columnas han sido extraídas del texto. Póngalas en los espacios en blanco de las frases siguientes. Utilice todas las palabras sólo una vez. No olvide cambiar los tiempos y las personas de los verbos cuando sea necesario.

un salto al vacío	un parón
bajar en picado	jornada intensiva
marcha atrás	a costa de
empalmar	embarazo
excedencia	baja maternal

1 Salir de trabajar a las cinco nos iba muy bien porque _____ con el horario nocturno de la universidad.

2 La promoción en la carrera profesional se da en muchas ocasiones _____ la vida familiar.

3 Dejar un trabajo fijo para empezar en un campo nuevo es dar _____.

4 Las estadísticas indican que del año 1980 a 1989 la tasa de natalidad _____.

5 En la mayoría de trabajos se puede coger_____de tres meses a un año.

6 Actualmente no es ningún problema tener los hijos después de los 30 porque hay un control exhaustivo del_____ durante los nueve meses.

7 No hay muchas profesiones que permitan _____ de cuatro o cinco años, que es el tiempo que idóneamente una madre dedicaría al cuidado de sus hijos.

8 Hasta hace poco, en España, sólo las mujeres podían disfrutar de la _____ , pero ahora también los hombres pueden dejar de trabajar unas semanas por este concepto.

9 El crecimiento de la población dió _____ cuando empezó el control de la natalidad.

10 En España, en verano, muchas empresas adoptan la _____ , es decir, se trabaja de 8.00h de la mañana a 3.00h de la tarde.

Observaciones lingüísticas

Reporting other people's opinions

In the text you have just read you may have noticed how different words are used to report other people's opinions (*estilo indirecto*):

> *"La responsable de la S.S de la CEOE **afirma que** no dispone de datos que demuestren conflictos entre empresarios y empleadas."*
> The head of the CEOE's Social Security Department states that there is no evidence of conflict between employers and employees.

Other verbs used for reporting opinions are: *decir, agregar, comentar, repetir, etc.*

> *Los empresarios **comentaron que** no habían recibido ninguna queja sobre el tema.*
> The employers said that they hadn't received any complaint about the matter yet.

Two structures can be used to report an opinion:

a) **Verbs of opinion + *que*** some of which arc also used to express opinions, e.g. *Decir / pensar / creer / opinar parecer / +que*

> *"Algunas madres **creen que** la baja maternal no es suficiente"*
> Some mothers think that maternity leave is not long enough

b) **Other expressions, such as:**

- *Para (persona)*

> *"**Para Marina,** la solución es retardar la maternidad".*
> The solution **for Marina** is to put off / delay having children

- *Estar covencido / a de que*

> *"Muchos empresarios **están convencidos de que** una mujer con hijos va a faltar más"*
> Lots of managers **are convinced** that women with children are going to stay away from work more often.

- *Tener la impresión de que*

> *"**Tenemos la impresión de que** un hijo supone un freno en la carrera profesional."*
> **We feel that** a child puts a brake on a career.

Expressing agreement and disagreement

In the text there are also examples of different ways of expressing agreement and disagreement:

> *"Ésto **coinciden en afirmarlo** dos sectores tradicionalmente en desacuerdo"*
> Two groups that are usually at odds are in agreement about this.

> *"Empresarios y sindicatos **están de acuerdo en** que la legislación de maternidad en España está a un nivel comparable al resto de Europa"*
> Employers and unions agree that maternity legislation in Spain is on a par with that of the rest of Europe.

There are many other ways of expressing agreement or disagreement in Spanish. Here are some examples:

Expressing agreement

- *(yo) estoy (totalmente) de acuerdo con eso, lo de que, Ud, tú, vosotros...*
  (completamente)

La mujer en la sociedad española

> *" Yo estoy completamente de acuerdo con el autor"*
> I completely agree with the author
>
> - *Pienso igual / lo mismo que...*
>
>   *"Los sindicatos, en este punto, **piensan lo mismo que** la patronal."*
>   The trade unions **think the same as** the employers about this
>
> **Expressing disagreement**
>
> - *(yo) estoy*　　*(totalmente)*　　　*en desacuerdo / de eso / de lo que Ud. dice*
>   　　　　　　　*(completamente)*　　*en contra*
>
>   *"Los empresarios **están (completamente) en contra** de extender la baja maternal"*
>   The employers **are (completely) against** extending maternity leave
>
> - *(yo) No estoy de acuerdo*　　*"**No estoy de acuerdo con** los empresarios"*
>   　　　　　　　　　I **don't agree with** the employers
>
> - *(yo) No pienso lo mismo*
>
>   *"La responsable de CCOO **no piensa lo mismo que** la responsable de la CEOE"*
>   The person responsible in CCOO **doesn't think the same as** her counterpart in CEOE

Actividad 7

Apuntes

Busque estas palabras y expresiones que aparecen en el texto para hablar de estadísticas y datos y observe cómo se utilizan. Usted puede usarlas también en sus redacciones y debates en español.

de media	on average
alrededor de	approximately/about/around
las cuentas no salen	the numbers don't add up
por debajo de la media	below average
es comparable a	it is comparable to
no dispone de datos que demuestren (+sustantivo)	there is no evidence to show (+ noun)
superar ampliamente	to exceed greatly
oscilar	to vary

Actividad 8

Redacción

"...la percepción general es que un hijo significa una seria hipoteca sobre el futuro profesional de la madre...."

Busque en el texto ejemplos y opiniones (use el estilo indirecto cuando sea posible) que justifiquen esta percepción y dé su opinión sobre las opciones que tienen las mujeres en la sociedad española.

Intente utilizar las estructuras y vocabulario vistos en las *Observaciones lingüísticas*.

Utilice de 200 a 250 palabras.

Actividad 9 •

Debate: ¿debe alarmarnos esta situación?

En grupos: cada grupo hace una lista de posibles consecuencias (positivas y negativas) que una situación como la descrita en el texto puede conllevar a corto (2-5 años) y largo plazo (20-30 años). Después, pongan en común las ideas e intenten llegar a un acuerdo sobre si hay que tomar medidas para cambiar la situación. Recuerden el lenguaje de opinión y acuerdo o desacuerdo visto en las observaciones lingüísticas.

8

Correcciones y explicaciones

Actividad 1 •

palabras clave	definiciones
1 relevo de las generaciones "2,1 (hijos) necesarios para el relevo de las generaciones"	k) reemplazar a las personas de una generación por las de la siguiente
2 salto al vacío "El salto al vacío se produjo en la década de los ochenta"	j) arriesgarse, ir hacia lo desconocido
3 vástago "2,1 vástagos por mujer"	l) persona descendiente de otra (This word is usually found in written language or very formal contexts)
4 hambruna "ni guerras, ni epidemias, ni hambrunas"	h) hambre grande, escasez generalizada de alimentos
5 bajar en picado "la bajada en picado de la natalidad"	g) descender rápida o irremediablemente (colloquial)
6 dar marcha atrás "dar marcha atrás a la tasa de fecundidad"	i) desistir de un empeño, o reducir su actividad
7 empalmar ... (con) "empalmar el permiso de maternidad con las vacaciones"	f) ligar o combinar planes, ideas, acciones
8 permiso de maternidad/ baja maternal "permiso por baja maternal"	m) permiso que se otorga a los trabajadores al tener un hijo, para no asistir al trabajo por un período de tiempo
9 jornada intensiva "jornada intensiva de verano"	e) horario de 8.00h de la mañana a las 3.00h de la tarde sin interrupción
10 desgarro emocional "sin el desgarro emocional de tener que dejar al hijo diez horas diarias…"	n) sentimiento de dolor por la separación forzosa de un ser querido
11 excedencia "acogerse a la excedencia"	ñ) permiso no renumerado, para no ocupar el puesto de trabajo durante

12 un parón "un hijo significa un parón"	a) una interrupción prolongada de algo (colloquial)
13 hipotecar "una hipoteca sobre el futuro profesional de la madre"	b) poner una cosa o una persona en peligro (figurative)
14 a costa de "a costa de arrastrar un sentimiento de culpa"	c) servirse de alguna persona o cosa
15 madre primeriza	d) mujer que tiene un hijo por primera vez

Actividad 2

palabra en el texto	palabra en inglés
tasa de fecundidad/natalidad	fertility rate /birth rate
embarazo	pregnancy
convulsión	convulsion
expectativa de vida	life expectancy
hecatombe	hecatomb / disaster involving huge loss of life
amortizar	to pay back / to repay / to pay off (a loan)
guardería	nursery
arrastrar	to carry with one / to live with (something)

Actividad 3

1 b (Para 1 and 2)
2 c (Para 5)
3 c (Para 1)
4 a (Para 4)
5 c (Para 6)
6 c (Para 7)
7 c (Para 8)
8 b (Para 9)

8

Actividad 4 • • • • • • • • • • • • • •

Here are our suggested answers. Yours will no doubt be phrased differently, but make sure that the overall meaning is the same.

1 El decenso de la natalidad en España se produjo en la década de los ochenta. (Para 3)

2 Fue la primera generación en la que la mayoría de las mujeres pudo estudiar y optar por una carrera profesional. Fue también la primera generación que tuvo acceso a métodos para controlar la natalidad. (Para 4)

3 La representante de la CEOE dice que no hay signos que indiquen problemas entre empresarios y empleadas con hijos. Por el contrario, la representante de CCOO piensa que la mujer trabajadora con hijos todavía está en una situación problemática o de riesgo. (Para 7).

4 Para los hombres, la prioridad es el trabajo. Para las mujeres, los hijos. (Para 9)

Actividad 5 • • • • • • • • • • • • • •

1 Cataluña es la región de España con la **tasa de natalidad** más baja.

2 La **baja maternal** en España es de 16 semanas.

3 Las **expectativas** profesionales de las mujeres han cambiado en los últimos 20 años.

4 La mujeres intentan retrasar los **embarazos** el máximo tiempo posible.

5 Después de invertir tanto tiempo y dinero en los estudios, es normal esperar una **amortización** de los mismos a largo plazo.

6 El horario de la mayoría de **guarderías** en España es de 8.00h de la mañana a 6.00h de la tarde, lo que permite ir a trabajar a ambos padres.

Actividad 6 • • • • • • • • • • • • • •

1 empalmábamos
2 a costa de
3 un salto al vacío
4 bajó en picado
5 excedencia

6 embarazo
7 un parón
8 baja maternal
9 marcha atrás
10 jornada intensiva

Actividad 8 • • • • • • • • • • • • • •

Here is a sample essay. No doubt your own composition will be quite different. Read this one carefully and make a note of any useful phrases that would have improved your own essay. Expressions from the text and from the *Observaciones lingüísticas* are shown in bold type.

La idea de que los hijos interfieren en el futuro profesional de la madre, puede verse en el ejemplo de Marina, que ha tenido que retrasar su **embarazo** hasta tener un **contrato indefinido**. La responsable de la CEOE es otro ejemplo de este sentir general ya que **piensa que** es imposible tener hijos antes de los 30 años, que es cuando la carrera profesional está más o menos **consolidada**. Además, el hecho de que muchos empresarios **crean que** una mujer trabajadora embarazada o con hijos va a rendir menos es también un ejemplo claro de esta opinión.

Pienso que para las mujeres españolas, como para las de otros muchos países, todavía es muy difícil **compaginar la carrera profesional con la maternidad.** La razón principal es que la edad idónea para tener hijos coincide con el momento para desarrollar la carrera profesional. Por otra parte, en España , hasta el momento no ha sido muy fácil encontrar trabajo, con lo que dejarlo unos años supone un **grave riesgo** para la mujer. **Creo que** la única opción, por el momento, es dedicarse a la profesión e intentar consolidarla antes de tener hijos. También **creo que** hay que luchar para que la situación cambie paulatinamente. **Estoy completamente de acuerdo con el autor de que** actualmente las **prioridades** para hombres y mujeres son distintas todavía, pero **estoy convencida de que** con el tiempo ésto también cambiará.